Antje Linker-Wenzel

URBAN SKETCHING GANZ EINFACH

Mit dem Skizzenbuch unterwegs

Antje Linker-Wenzel

URBAN SKETCHING

ganz einfach

Mit dem Skizzenbuch unterwegs

stiebner

INHALT

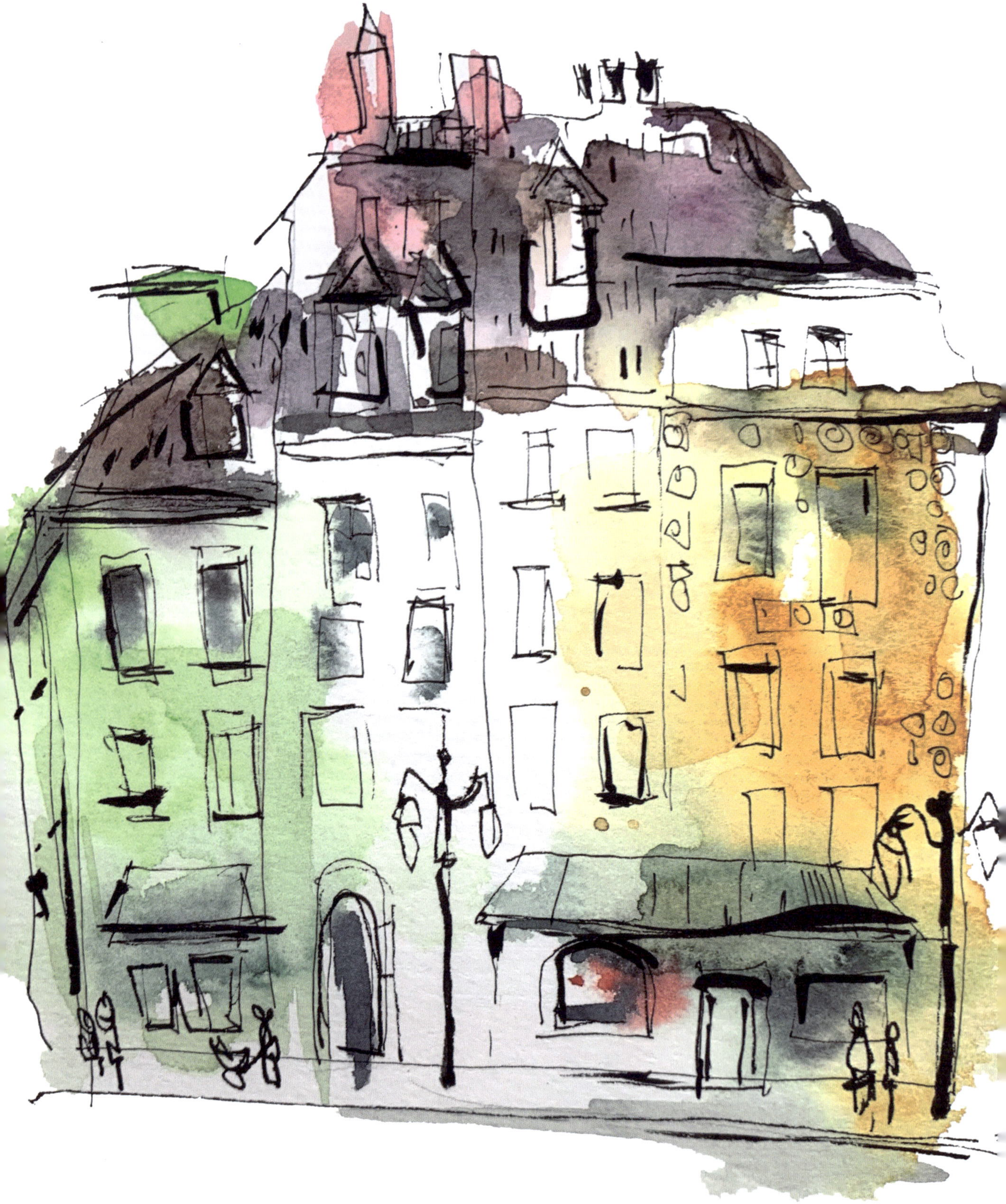

ICH WÜNSCHTE, ICH KÖNNTE DAS AUCH

Wetten, das ist der häufigste Satz, wenn es um Urban Sketching oder ums Zeichnen überhaupt geht? Und du hast ihn vielleicht auch gedacht und deshalb zu diesem Buch gegriffen.

Das Urban Sketching ist zu einer internationalen Bewegung mit Gruppen und Events fast überall auf der Welt geworden. Ob allein oder in der Gruppe – Menschen lieben es, ihre Umgebung zu zeichnen. Sie protokollieren damit, was sie draußen erleben, beobachten, wen sie treffen. Dazu notieren sie oft auch ihre Gedanken und Gefühle, womit ihr Skizzenbuch zu einem Tagebuch mit kostbaren Erinnerungen wird. Einem einzigartigen und sehr persönlichen Dokument. Dabei spielt es keine Rolle, ob sie zu den Hobbyzeichnenden oder den Supercracks der Zeichenszene gehören. Wichtig ist einzig das Interesse am Motiv.

Hast du auch Lust dazu? Dann möchte ich dir zeigen, wie du ganz einfach ins Urban Sketching starten kannst, und welche Fülle von zeichnerischen Möglichkeiten sich daraus ergeben – ein wahres Zeichenuniversum! Denn wo immer wir draußen gehen und stehen, Motive sind überall. Und selbst wenn du nicht immer die Zeit findest, sie sofort in deinem Skizzenbuch zu verewigen, auch dafür habe ich eine Lösung.

Lass uns gleich loslegen! Am besten mit ein paar Tipps zum Material.

ZEICHENMATERIAL

Psst, ich verrate dir jetzt ein Geheimnis. Dieses Buch trägt für mich den Untertitel »Sketching aus der Jackentasche«. Damit möchte ich ausdrücken, dass es mir besonders bei Unerfahrenen um Einfachheit und Minimalismus beim Zeichnen geht, auch beim Material. Schon mit einem Bleistift und einem Blatt Papier kann Großartiges entstehen. Dagegen helfen tausend Stifte nicht, wenn sie in der Schublade bleiben. Außerdem, wer möchte schon in einem Trolley sein Material hinter sich herziehen. Nein, nein – wir starten mit einem Equipment, das in die Jackentasche, maximal in einen kleinen Rucksack, passt.

Ich weiß, viele Zeichnende sind Materialjunkies. Sie lieben es, immer wieder neues Zeichenzubehör auszuprobieren und sich darüber auszutauschen. Das kann natürlich eine sehr schöne Sache sein. Aber ich möchte hier besonders die Neulinge im Urban Sketching ermutigen, klein anzufangen. Mit einer soliden Grundausstattung kommst du schon weit und überforderst dich nicht. (Alle anderen lesen jetzt über die kommenden Zeilen hinweg und verwenden weiter ihr Lieblingsmaterial.)

Meine Material-Empfehlungen für dich:

Aquarell-Skizzenbuch in DIN A5 (Hoch- oder Querformat, Papierstärke ca. 200 g/qm)

- Druckbleistift 3B
- Radierknetgummi
- zwei schwarze Fineliner in verschiedenen Stärken (z.B. S und M), wasserfest
- alternativ einen Füller mit wasserfester schwarzer Tusche
- ein paar Buntstifte in deinen Lieblingsfarben, gern auch wasservermalbar
- Anspitzer
- Wassertank-Rundpinsel
- und/oder einen Schwertpinsel Stärke 10 (damit gelingen sowohl feine als auch breite Striche)
- ein Mallappen (ein Stück weicher T-Shirt-Stoff ist optimal)
- Aquarellfarben in guter Qualität (s.u.)

Für die Wahl deiner Aquarellfarben habe ich drei Varianten, gestaffelt nach Größe, zusammengestellt. Die Farbangaben beziehen sich auf die Serie Horadam der Firma Schmincke, welche ich verwende. Vergleichbare Qualität findest du auch bei anderen Firmen.

Mit der Version S und ein paar Buntstiften machst du nichts verkehrt. Die Größe M enthält Farben wie Brillant Purpur, Maigrün und Kobalttürkis. Sie bringen ein Strahlen in dein Bild und sind schwer bis gar nicht selbst zu mischen. Größe L ist meine persönliche Lieblingspalette, mehr benötige ich nicht. Ich sage bewusst, ich. Denn wenn du dir die Kataloge der farbherstellenden Firmen ansiehst, merkst du, es gibt noch so viel mehr. Wozu ich allerdings zehn verschiedene Gelbtöne brauche, erschließt sich mir nicht. Aber wie gesagt, das ist Ansichtssache.

Ein paar Stifte, ein Skizzenbuch, einen Pinsel und einen Farbkasten - das soll schon alles sein? Ja, ich finde schon.

Es spricht natürlich nichts dagegen, es dir auch ein bisschen gemütlich und komfortabel beim Urban Sketching zu machen. Sorge also für wettertechnisch adäquate Kleidung und gegebenenfalls Schutz (Hut, Sonnenbrille, Sonnencreme, Sitzunterlage usw.). Etwas zu trinken und zu essen ist ebenfalls nicht verkehrt, solltest du länger unterwegs sein.

Die Frage »Klappstuhl oder nicht« wird immer wieder gern diskutiert. Ich habe ein Dreibein-Modell ohne Lehne, das leicht ist und sich bequem mit einem Schultergurt mitnehmen lässt. Allerdings trage ich den Hocker meistens wieder unbenutzt nach Hause, weshalb ich Fan einer einfachen Styropor-Sitzunterlage bin, die fast nichts wiegt und in meinen Rucksack passt.

- **S (6 Farben):** Zitronengelb – Lasurdunkelrot – Brillant Purpur – Ultramarin feinst – Indigo – Vandyckbraun
- **M (10 Farben):** Zitronengelb – Lasurorange – Lasurdunkelrot - Brillant Purpur - Englisch-Venezianisch Rot – Maigrün – Kobalttürkis - Ultramarin feinst – Indigo – Vandyckbraun
- **L (14 Farben):** Zitronengelb – Chinacridongoldton – Lasurorange – Lasurdunkelrot - Brillant Opernrosa - Brillant Purpur - Englisch-Venezianisch Rot – Maigrün – Grünoliv – Kobalttürkis – Ultramarin feinst – Indigo – Vandyckbraun – Paynesgrau

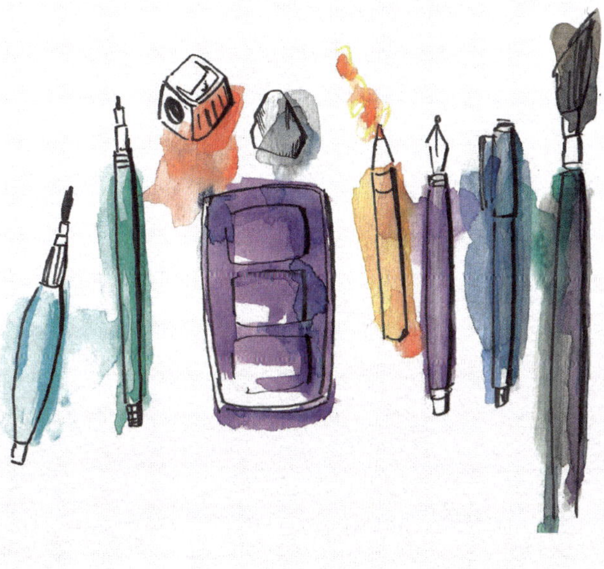

AQUARELLTECHNIKEN

Das Schöne beim Aquarellieren ist, es gibt zwei Grundtechniken, die – mit etwas Übung – leicht zu erlernen sind. Wann du welche Technik einsetzt, bleibt dir überlassen. Beide haben allerdings Eigenschaften, die sie für manche Motive besonders oder weniger geeignet machen. Das wirst du gleich erkennen.

Die Nass-auf-Trocken-Technik, auch Lasieren genannt, meint genau das, was im Namen bereits drinsteckt: Wir bringen unsere mit Wasser vermischte Farbe auf das trockene Papier auf – und das in mehreren Schichten.

Jeden Farbauftrag lassen wir erst trocknen, bevor der nächste erfolgt. Dadurch behalten wir die Kontrolle über den Farbverlauf. Außerdem erzeugen wir durch die Transparenz der Farben dort, wo sie übereinander liegen, neue Farbtöne und optische Tiefe. Diese hilft uns, Räumlichkeit und Plastizität zu erzielen. So kann beispielsweise aus einem flachen Kreis nach und nach ein Apfel modelliert werden.

Bei der Nass-in-Nass-Technik, auch Lavieren genannt, ist nicht nur die Farbe feucht, sondern auch der Untergrund, also das Papier. Wir können es mit klarem Wasser anfeuchten oder mit weiteren Farben, die noch nicht getrocknet sind.

Solange die Farben feucht sind, verändern sie sich. Sie breiten sich aus und laufen dort, wo sie sich begegnen, ineinander. Darauf haben wir nur begrenzt Einfluss. Wir können das Papier hin und her drehen und kippen, nasse Farbe noch schnell wegtupfen oder neue nachlegen. Doch die entstehenden Muster und Gebilde formen sich von selbst. (Achtung, keine Technik für Kontrollfreaks!)

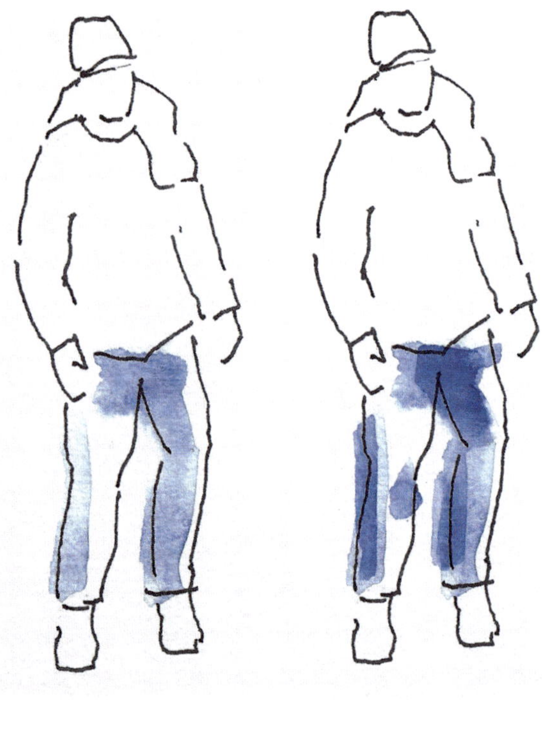

Du hast es bestimmt schon geahnt: Kleine Details lassen sich so sicherlich nicht abbilden. Dafür aber umso schöner Wolken, Baumkronen, Hausfassaden – eben alles, wo es ein bisschen ungestümer und großzügiger zugehen darf.

Ich möchte dir beide Techniken kurz demonstrieren. Dazu habe ich eine Frau skizziert, die wir nun ankleiden werden. Für ihre Hose verwende ich die Lasurtechnik. Dazu trage ich eine erste Schicht wässeriges Blau auf. Ich orientiere mich dabei am Lichteinfall. Die Farbe setze ich dorthin, wo Schatten ist, sich also die dunkleren Partien befinden.

Nach dem Trocknen lege ich eine zweite Lasur darüber. Siehst du, wie die Beine dadurch plastischer werden?

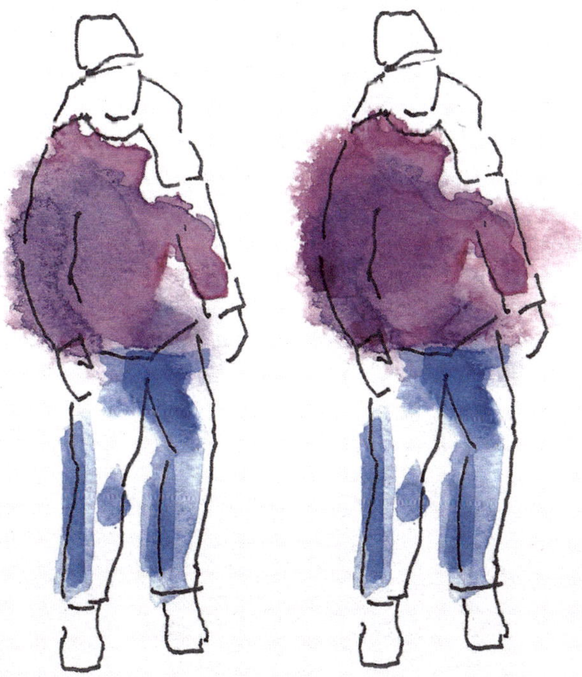

TIPP FÜR EILIGE

Wenn du zu Hause aquarellierst, kannst du den Trocknungsprozess mit einem Föhn beschleunigen. Unterwegs ist das natürlich nicht möglich, aber bei warmem Wetter funktioniert das mit dem Trocknen ohnehin schnell.

Es geht weiter mit dem Pulli der Frau, für den ich die Nass-in-Nass-Technik, das Lavieren, einsetze. Dafür habe ich das Papier mit Wasser angefeuchtet und im Anschluss die Farbe aufgetragen. Beim Ärmel siehst du, dass ich auch noch einmal (im nassen Stadium) nachgelegt habe: Die Farbe hat dort einen interessanten Rand gebildet, der zur Beschaffenheit eines Wollpullovers passt.

Nach dem Trocknen habe ich die Vorgänge nochmals wiederholt, um den Farbeindruck zu intensivieren. Dass die Farbe dabei – wie auch bei der Hose – über die Linie hinaus geht, macht die Sache locker und vermeidet den Eindruck, mein Motiv auszumalen.

Wir kommen im weiteren Verlauf immer wieder aufs Lasieren und Lavieren zurück, und ich werde dir immer wieder Tipps an konkreten Beispielen geben. Denn so einfach die Techniken sind, es gehört auch eine Menge Übung dazu, sie wirkungsvoll einzusetzen.

PERSPEKTIVE – SCHWIERIG, SCHWIERIG?

Außer Architekt:innen mag sie fast niemand (und vielleicht noch nicht mal die). Und da ich nicht möchte, dass du »Laaaangweilig!« rufst und dieses Buch in die Ecke schmeißt, habe ich hier nur vier klitzekleine Regeln, die du dir ganz leicht merken und vor allem auch gleich umsetzen kannst.

Vier einfache Regeln

Erste Regel: Ob Mensch, Tier oder Objekt - was nah dran ist, erscheint dir größer als weiter Entferntes. Eine Binsenweisheit, oder? Jetzt brauchst du sie nur noch in deinen Zeichnungen anzuwenden, und schon hast du für Räumlichkeit gesorgt.

Probiere es gleich auf einem Zettel aus! Skizziere aus dem Kopf eine Stadtansicht und füge im Vordergrund eine Person, ein Tier oder einen Gegenstand ein.

Durch die Größendifferenz nehmen wir die Figur im Vordergrund näher wahr, als die Häuser im Hintergrund. Sie bildet aufgrund ihrer Größe auch gleichzeitig den Schwerpunkt des Bildes.

Ganz anders sieht die Sache aus, wenn dieselben Häuser und die Figur auf einer Ebene in dieser Relation abgebildet werden (siehe rechts unten).

Nun liegt der Fokus aufgrund der Größenverhältnisse auf den Gebäuden.

Ich nehme dich jetzt mit an eine große Straßenkreuzung in Düsseldorf mit Menschen, Ampeln und Schildern. (Die Autos habe ich weggelassen.) Und einem großen Blumenkübel.

Mit einer Bleistiftskizze habe ich mir zunächst Klarheit über die Proportionen verschafft. Das

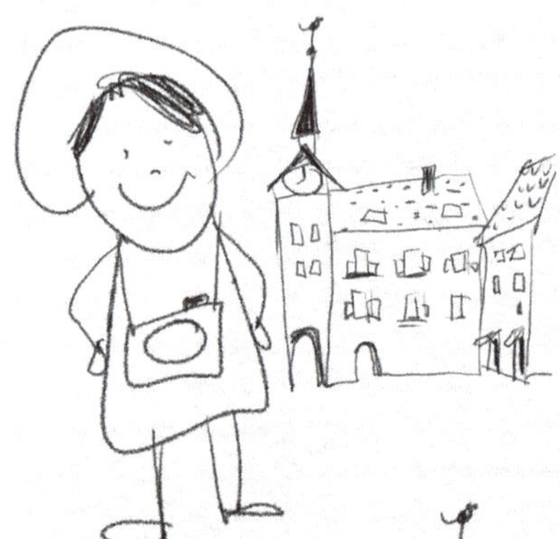

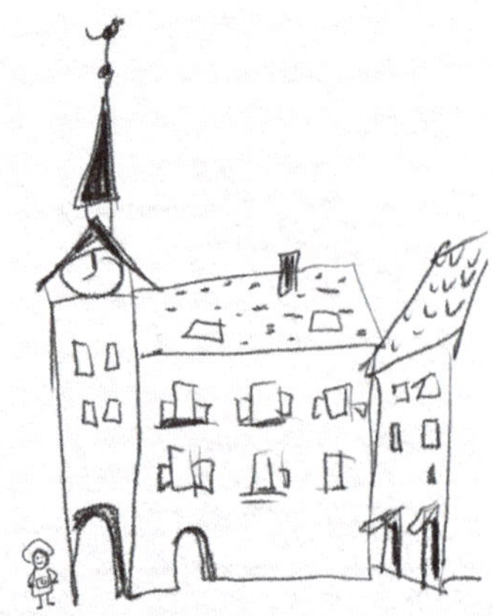

Schild vorne (auch noch wunderbar schief) und der bepflanzte Topf sind um einiges größer als zum Beispiel die Litfaßsäule. Genau so wollte ich es haben, um Vorne und Hinten zu definieren. Anschließend habe ich das Ganze koloriert.

Dabei ist meine erste Frage immer: Woher kommt das Licht? Dort spare ich Farbe aus. Um den Vordergrund zu betonen, habe ich kräftigere Farbtöne gewählt als für den Hintergrund und auch häufiger lasiert. Das Grün der Pflanze und das Blau für das Parkhaus-Symbol fallen sofort auf, während alles auf der anderen Straßenseite blasser und weiter entfernt scheint.

TIPP

Auch durch den Einsatz mehr oder weniger intensiver Farbtöne können wir perspektivisch arbeiten. Objekte in der Nähe gestalten wir mit kräftigen Farbtönen, entferntere Motive mit helleren, die wir beim Aquarellieren auch entsprechend mit mehr Wasser anmischen können.

Mir ist aufgefallen, dass Straßenschilder und ähnliches Verkehrszubehör als Zeichnung viel spannender rüberkommen als auf Fotos. Woran liegt das wohl?

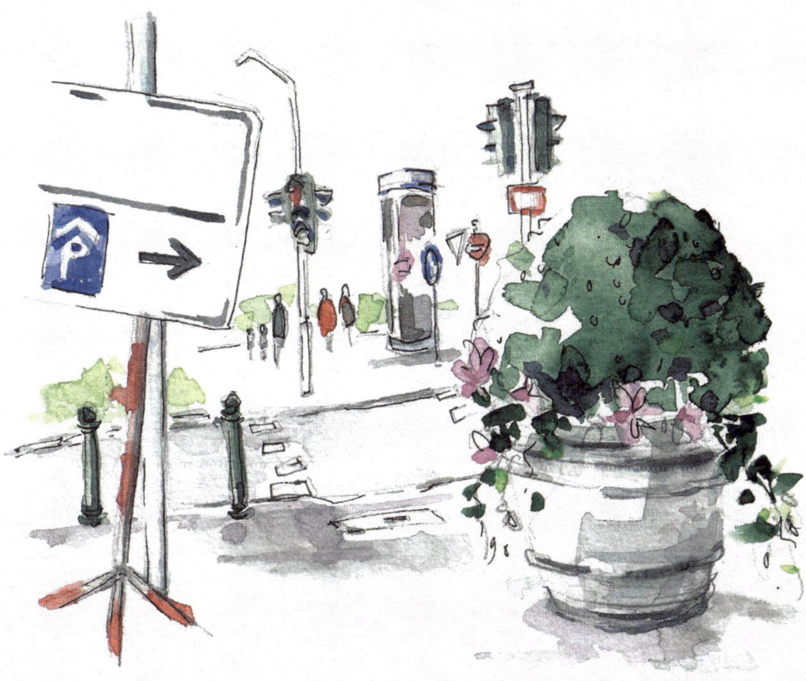

Hier noch ein Beispiel aus Stein am Rhein mit dem dekorativen Schild einer Goldschmiede im Vordergrund. Es zeigt einen Vogel mit Ring im Schnabel und ist etwa so hoch wie das Rathaus im Hintergrund. Natürlich nicht wirklich, aber in meiner Zeichnung. Und damit merken wir sofort, das Schild ist vorn, die Häuser sind weiter entfernt von uns.

1. Ich habe direkt mit dem Füller begonnen und zuerst das Schild gezeichnet. Damit konnte ich die anderen Details gut einpassen. Es kostet dich vielleicht Überwindung, die Häuser so klein zu zeichnen, aber es funktioniert, oder?
Winzige Details, die Spaß machen, sind das Kind auf seinem Fahrrad, eine Person, die über den Platz läuft, sowie Tische und Stühle der Restaurants. Auch diese verdeutlichen nochmals die Größendimensionen. Vor allem aber machen sie unser Bild lebendig und interessant.

2. Ich kann nicht sagen, dass das Rathaus einen türkisfarbenen Anstrich hatte, aber es hat mir in den Fingern gejuckt, mit Farben zu spielen.

1

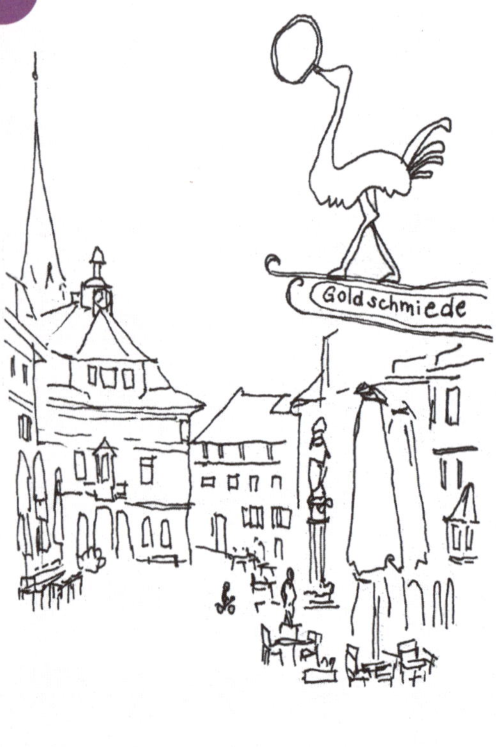

2

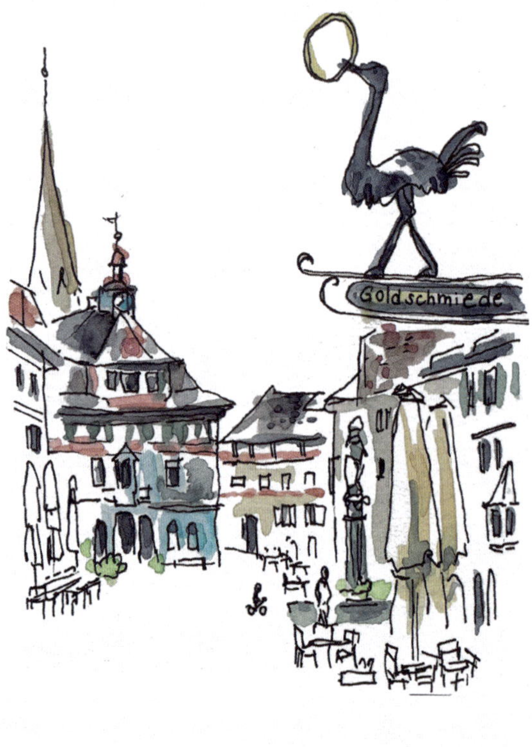

Türkis bringt immer Frische rein und ergibt einen guten Kontrast zum Gelb der Schirme und des Kirchturms.

3. Weitere Lasuren und das Ultramarin am Rathaus bringen die Zeichnung zum Leuchten. Im ersten Moment überkam mich ein kleiner Schrecken, das Bild könnte zu bunt sein. Andererseits ist die Zeichnung so zart und kleinteilig bei gleichzeitig viel freier Fläche. Von überladen konnte nun auch nicht die Rede sein.

Wenn du genau hinschaust, siehst du weitere winzige Details wie zum Beispiel eine Lichterkette, die quer über den Platz gespannt ist. Oder wolkige Stuckelemente und Pünktchen und Schraffuren, die zwar nicht auf den ersten Blick ins Auge springen, das Motiv aber dennoch mitgestalten.

4. Also: Wenn schon Farbe, dann richtig. Und so kam auch noch ein türkisfarbener Himmel dazu, der sich entlang der Skyline entfaltet, aber auch ein wenig an den Häusern entlang schlängelt bis hinunter auf den Marktplatz. Damit fasst das Türkis alle Bildelemente zu einer Einheit zusammen.

3

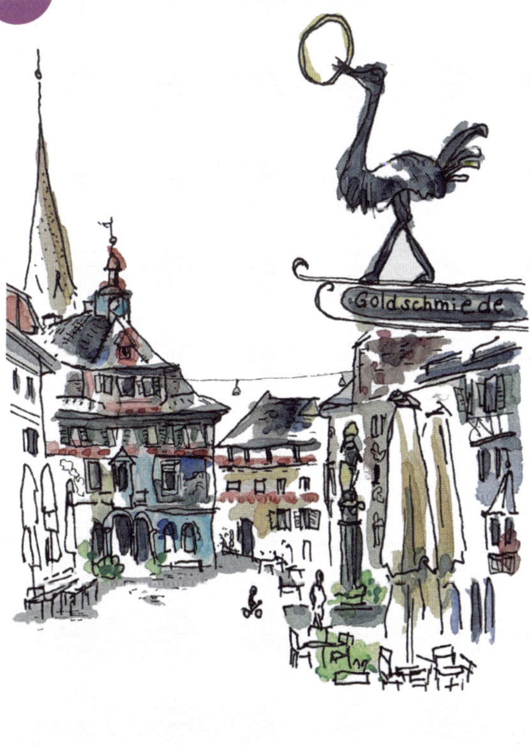

4

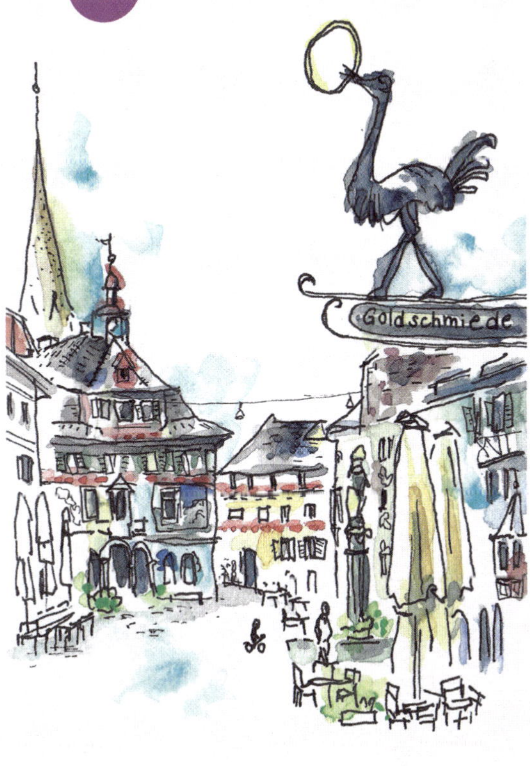

Zweite Regel: Deine Augenhöhe entspricht deiner Horizontlinie.

Wenn du stehst, liegen die Köpfe stehender oder gehender Personen, die ähnlich groß sind wie du, alle mehr oder weniger auf dieser (gedachten) Waagerechten. Ausgenommen sind sehr große Menschen, Kinder und Sitzende. Voraussetzung ist auch, alle Personen befinden sich auf derselben Ebene, stehen also nicht auf einer Anhöhe oder Treppe.

Diese Regel hat ihre Gültigkeit, ganz egal wie weit entfernt die Personen zu dir sind.

1. In meiner Skizze wird das deutlich. Je weiter vorn eine Figur ist, umso größer ist sie gezeichnet und desto näher wirkt sie. Und umgekehrt: Je kleiner sie ist, umso weiter entfernt von uns scheint sie zu sein.

2. Was passiert, wenn wir sitzen, anstatt zu stehen? Diese Situation haben wir beim Urban Sketching sehr häufig, wenn wir zeichnen. Dann blicken wir zu stehenden Menschen auf. Wir beobachten aus der sogenannten Froschperspektive.

Da wir am Anfang besprochen hatten, unsere Augenhöhe entspricht unserer Horizontlinie, befindet sich diese nun weiter unten und variiert mit der Sitzhöhe. In jedem Fall liegt sie tiefer, als in unserem ersten Beispiel. Ich habe sie mit meiner Bleistiftlinie etwas unterhalb der Körpermitte der Figuren angesetzt.

Schau, was nun passiert. Die Köpfe liegen nicht mehr auf einer Linie, sondern oberhalb der Horizontlinie. Je näher eine Person zu uns steht, desto größer erscheint sie uns nicht nur. Ihr Kopf ist auch umso weiter von dieser Linie entfernt.

3. Das dritte Beispiel veranschaulicht dir die Perspektive, die du hast, wenn du erhöht stehst – etwa auf einer Brücke, Treppe oder auf einem Berg. Ich spreche von der Vogelperspektive, mit der du auf die Menschen von oben herabschaust. Jetzt sind fast alle Figuren unterhalb der Horizontlinie angesiedelt. Diejenigen, die am dichtesten zu dir stehen, sind von dieser Linie am weitesten entfernt.

Gemeinsam haben alle drei Beispiele, dass Personen umso größer erscheinen, je geringer die Distanz zu dir ist. Dies lässt sich natürlich auch im weitesten Sinne auf andere Motive wie Bäume, Häuser etc. übertragen. Allerdings mit dem Unterschied, dass diese untereinander stark unterschiedliche Höhen haben können.

Perspektive Gleiche Ebene

1

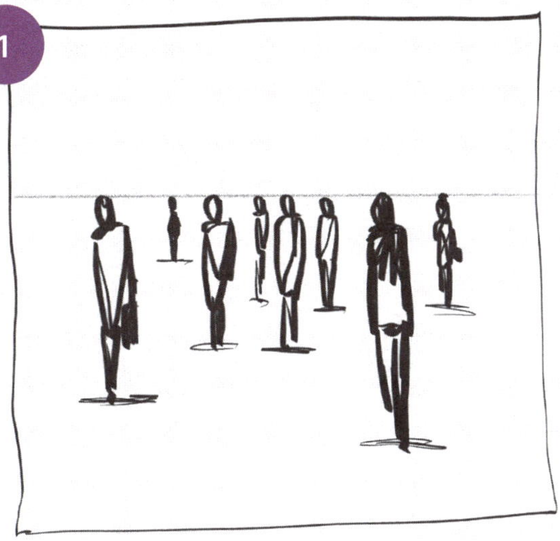

Perspektive Frosch

2

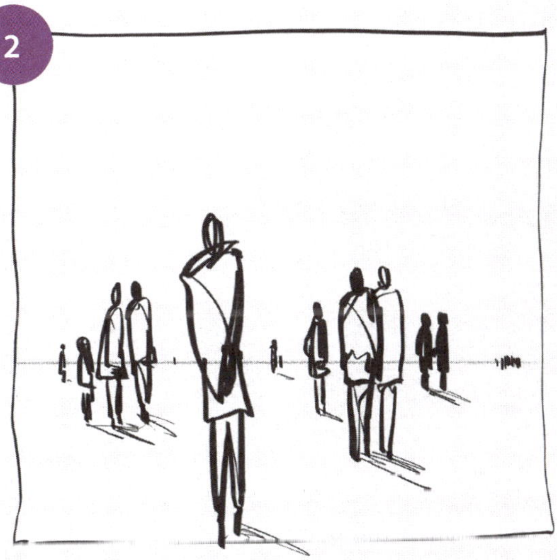

Perspektive Vogel

3

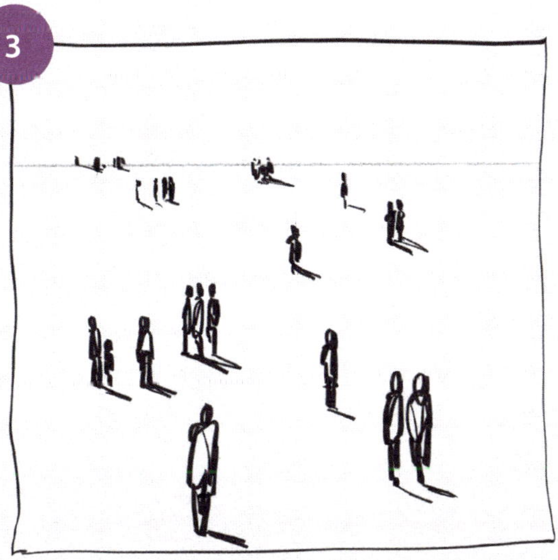

Dritte Regel: Mache dir bewusst, ob du auf etwas drauf oder drunter schaust.

Zum Beispiel bei Dächern. Unser Gehirn kann uns da ab und an einen Streich spielen und es besser wissen wollen. Dann zeichnen wir, was wir kennen, und nicht, was wir sehen. In diesem Fall ist also ein wenig Beobachtung die bessere Wahl.

Für die rechte Skizze habe ich auf einer Anhöhe gestanden und auf Bagni di Lucca, eine kleine Stadt in der Toskana, geblickt. Folglich sah ich die Dächer von oben, also auf die Dachflächen, und habe sie entsprechend gezeichnet.

Ganz anders sieht es bei der Skizze links aus. Dort habe ich von unten hoch zu den Dächern geblickt. Damit konnte ich die Ziegel also nicht sehen, sondern schaute unter die Dachkante. Das kann uns das trügerische Gefühl geben, die Häuser seien oben »abgeschnitten« und würden in unserer Zeichnung einen komischen Eindruck vermitteln. Aber genauso ist es richtig.

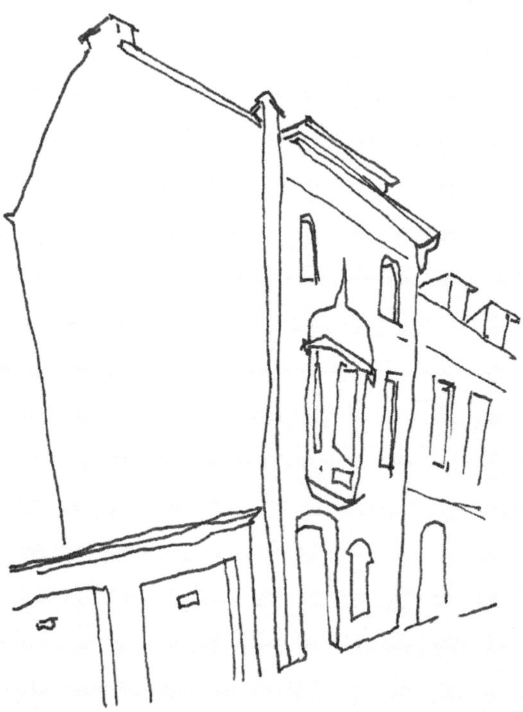

Vierte Regel: Messe mit deinem Stift.
Ich würde es vielleicht eher eine Empfehlung als eine Regel nennen. Du hast das bestimmt schon gesehen: Daumen oder Stift in die Luft haltend, ein Auge zugekniffen – so nehmen Künstler:innen Maß für ihre Zeichnungen. Denn es ist eine sehr hilfreiche Technik. Vor allem Winkel bzw. auf- oder absteigende Linien können wir uns auf diese Weise sehr gut vergegenwärtigen. Auf einmal siehst du, dass diese eine Linie, die du für abfallend hieltest, schräg nach oben verläuft – verrückt! Unsere Augen stellen uns manchmal ein Bein.

Am besten probierst du es gleich aus. Vergegenwärtige dir Neigungen und Winkel eines Objektes mithilfe eines Stiftes und lege diesen in unveränderter Handhaltung auf ein Blatt Papier. Schon weißt du, wie eine entsprechende Schräge verläuft.

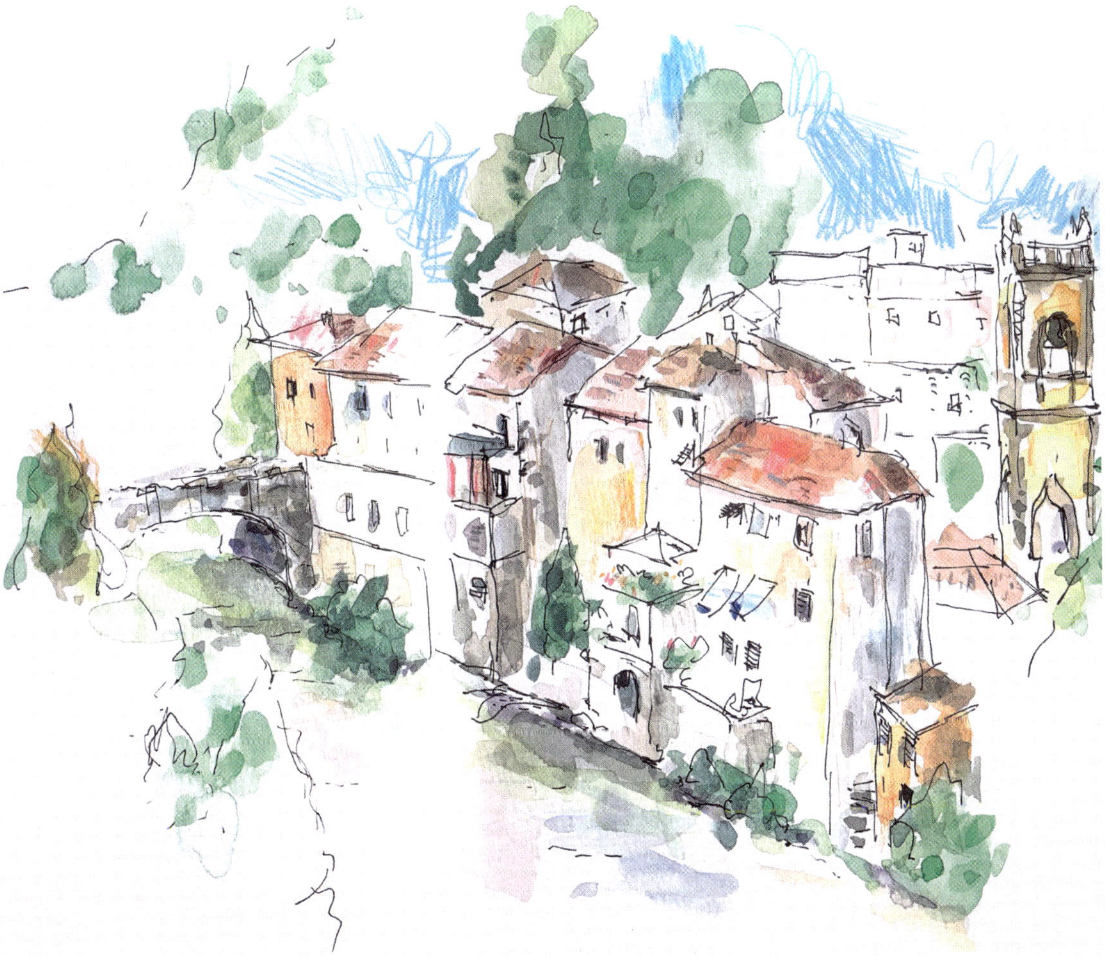

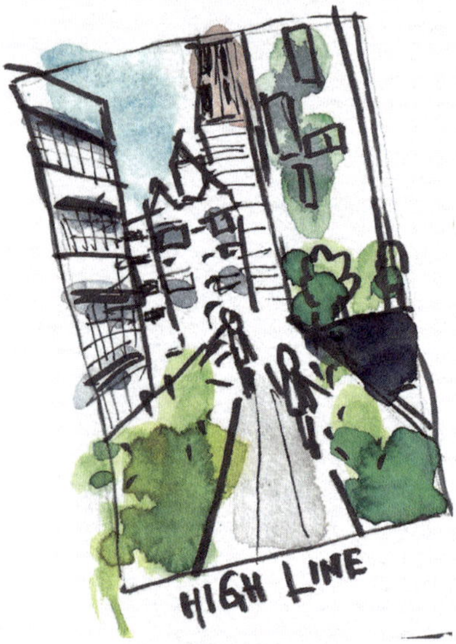
HIGH LINE

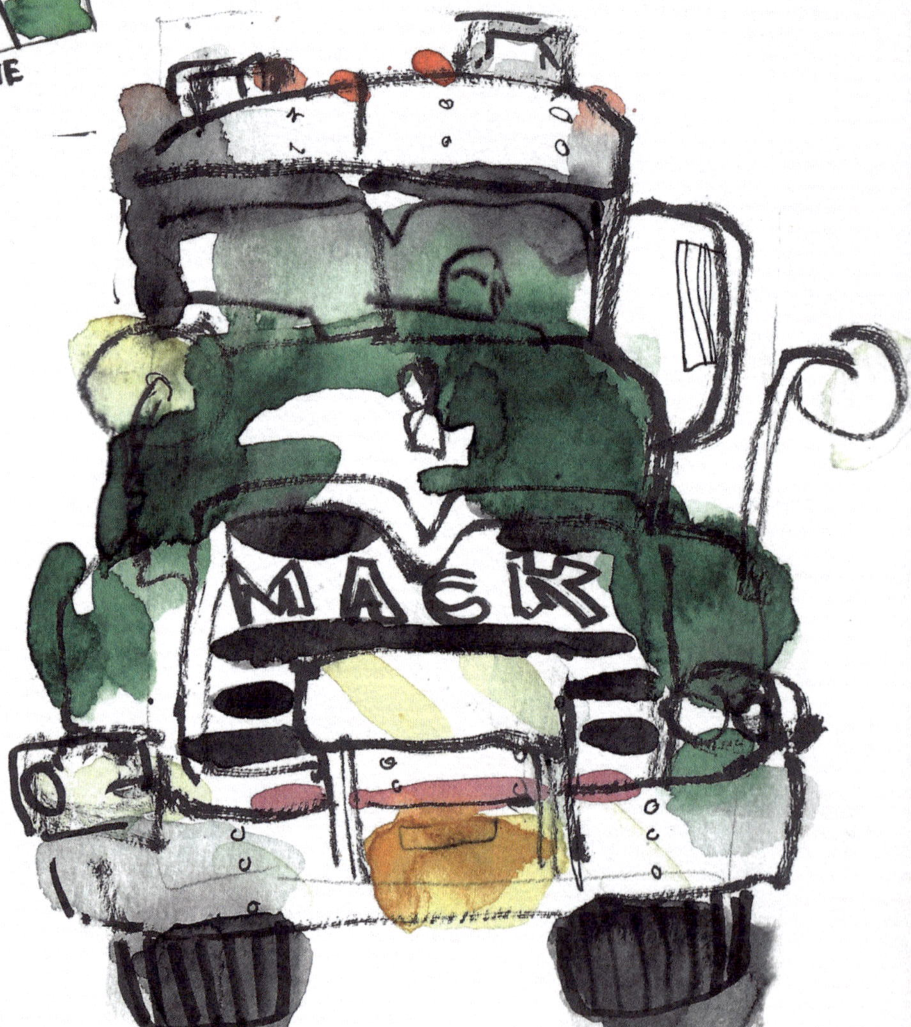
MACK

Zeichne, was du siehst

Wie du gemerkt hast, fußen alle vier genannten Regeln auf Logik und bewusster Beobachtung: Was ich von unten betrachte, kann ich nicht gleichzeitig von oben sehen. Die Diagonale eines Motivs im 40 Grad Winkel behält ihren Winkel in dieser einen Perspektive. Und so weiter, und so weiter.

Alle vier Regeln lassen sich in einem Satz ganz einfach zusammenfassen:

»ZEICHNE, WAS DU SIEHST.«

Zugegeben, dafür braucht es etwas Übung, aber ist das nicht bei allem so? Immerhin müssen wir dafür keine komplizierten Formeln und Theorien auswendig lernen und können uns schnell wieder dem Zeichnen zuwenden. Und für alle, denen selbst das ein bisschen lästig ist, habe ich bereits die passende Entschuldigung. »Zeichne, was du siehst« funktioniert immer - und auch ohne diese Regeln. Wer weiß denn schon, was du gesehen hast oder abbilden wolltest? Manch »widersprüchliche« Zeichnung ist oft interessanter als die exakt vermessene Architekturdarstellung oder das Foto, das schon Tausende vor uns gemacht haben (und noch nach uns machen werden).

Deine Zeichnung ist es etwas Hochindividuelles und sehr Persönliches. Sie ist einzigartig, ein Unikat mit deiner Handschrift. Das solltest du stets anerkennen und schätzen.

GEH RAUS

Ich schreibe dieses Buch schwerpunktmäßig für alle, die gern draußen zeichnen möchten und denken, das nicht zu können. Glaube mir, du kannst das. Sage dir: Was soll denn schon dabei sein, einen Stift aufs Papier zu setzen, wenn jedes Kind das täglich tut?
Ach so, du glaubst, du bist nicht gut genug. Gut genug in was? Und warum ist das wichtig? Könntest du es nicht auch erst einmal schlecht tun, bevor du besser wirst? Hast du dir vor deiner ersten Fahrstunde auch gesagt »Oh, ich bin nicht gut genug. Ich werde wohl besser nicht Auto fahren«? Na, siehst du.

Du darfst also einfach drauf los zeichnen und kritzeln, und ich werde dich dabei gern mit ein paar Tipps begleiten. Draußen in deiner Umgebung oder vielleicht sogar auf Reisen deine Eindrücke zeichnerisch festzuhalten, kann so entspannend und erfüllend sein! Auf einmal entsteht durch dein Tun auf ein paar Seiten eine ganze Welt.

Das möchte ich dir mit diesem Buch zeigen. Und auch, wie du dich durch Experimentierfreude und einen wohlwollenden Blick auf deine Fähigkeiten von der Angst befreist, nicht zu genügen. Denn das ist Quatsch.

Deshalb hier mein erster Tipp:

»GEH RAUS.

Nein, jetzt noch nicht? Ich kann mir vorstellen, wenn du noch nie draußen gezeichnet hast, ist dein vermeintlich größtes Problem, was die anderen Leute dazu sagen. Werden sie dich ansprechen? Werden sie dich kritisieren? Oder – noch schlimmer – sich schlapp lachen über deine Zeichenkünste? Glaubst du etwa, eine Künstlerin, ein Künstler zu sein? Je länger du in deinem Kopf herumhirnst, umso stärker blähen sich deine Befürchtungen auf.

DAHER MEIN TIPP

Lege das Buch aus der Hand. Jetzt. Nimm dein Skizzenbuch (oder ein Blatt Papier) und den nächstbesten Stift. Und geh vor die Tür. Ja, jetzt. Und auch, wenn es regnet.

Stopp! Bevor du in deine Schuhe springst, hier noch ein paar Hilfestellungen fürs Zeichnen da draußen:

- Sag dir einfach, du gehst »nur mal gucken«.
- Setz Kopfhörer auf. (Dann spricht dich wirklich niemand an.)
- Zeichne das erste Objekt, das dir ins Auge springt.

»Bis gleich!«

Na, wie war das? Was ist passiert? Wahrscheinlich hat dich niemand angesprochen, oder? Ich verrate dir jetzt etwas: So ist das meistens. Und wenn einen jemand anspricht, kommt zu 99,9 % etwas Positives. Üblicherweise so etwas wie »Das ist toll«, womit in Klammern dahintersteht: »Ich könnte das nicht!«.

Natürlich ist es völlig ok, nach Fotos zu zeichnen. Wenn du aber nur deshalb nicht mit deinem Skizzenbuch rausgehst, weil andere das doof finden könnten, wäre es schade, es nicht doch einmal auszuprobieren. Draußen zu zeichnen ist eine gute Möglichkeit, sich von dem Gedanken zu befreien, was die anderen denken. Wir sind gar nicht so wichtig und die anderen meistens mit sich selbst beschäftigt.

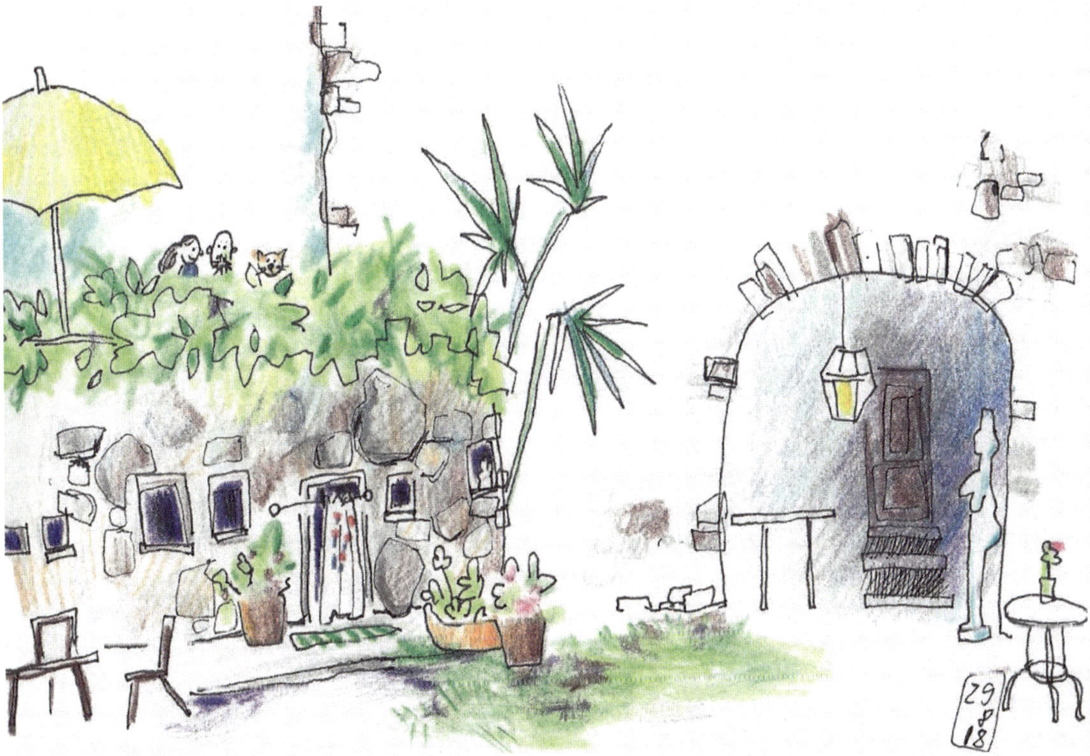

Diese Zeichnung ist während eines Italienurlaubs vor unserem Ferienhaus entstanden. Ich hatte Spaß daran, das Ganze ein wenig nach Kinderzeichnung aussehen zu lassen.

MACH FOTOS

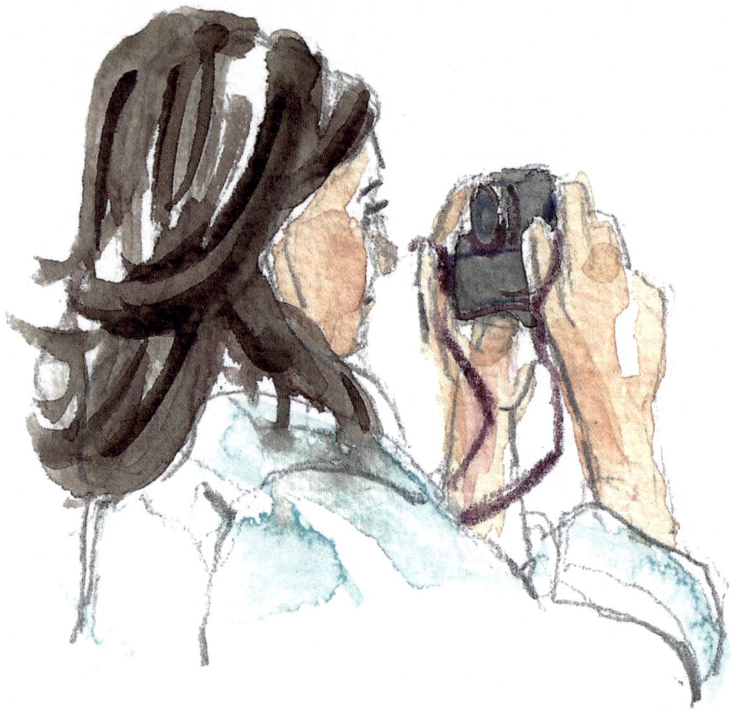

Gerade habe ich dir noch ins Gewissen geredet, endlich rauszugehen, und jetzt das? Ja, du hast richtig gelesen. Fotos können eine wertvolle Unterstützung für uns sein. Ich nenne dir gleich ein paar gute Gründe, warum du auf jeden Fall ausprobieren solltest, mit ihnen zu arbeiten.

Die »echten« Urban Sketcher haben sich ein Manifest gegeben, in dem sie bindend ihre Regeln festhalten. Dazu gehört es unter anderem, Skizzen ausschließlich nach direkter Beobachtung anzufertigen (also nicht nach Fotos). So weit möchte ich hier nicht gehen. Wer zeichnet, soll alle Freiheiten der Welt haben, sich auf eigene Art auszudrücken. Ob du ab und zu ein Foto als Gedächtnisstütze für spätere Sketches schießt oder vielleicht sogar ausschließlich nach Fotos zeichnest – wer will es dir verbieten!?

Warst du nicht auch schon an Orten, die du sofort hättest zeichnen wollen? Leider hattest du dein Skizzenbuch nicht dabei, keine Zeit, wolltest niemanden warten lassen oder das Wetter hat nicht mitgespielt. Ein Klick mit deinem Smartphone oder Fotoapparat, und schon kannst du später auf dieses Motiv zurückgreifen. In aller Ruhe und mit Muße wirst du ihm wahrscheinlich mehr gerecht, als wenn du nur so drüber huschst. Es gibt Zeichnungen von mir, an denen habe ich viele Stunden lang gesessen, und zwar mit Freude. Und eben auch mit der Kaffeemaschine und sonstigen Annehmlichkeiten nebenan. Kühlschrank und Badezimmer in der Nähe zu haben, sind manchmal nicht zu unterschätzen.

Bei Fotos lassen sich Details heranzoomen, du kannst mit verschiedenen Bildausschnitten experimentieren und dein Foto später deiner Zeichnung gegenüberstellen: So sah es aus, und das habe ich daraus gemacht. Vielleicht wiederholst du die Zeichnung später auch in einer anderen Technik?

Ach ja: Viele Kursteilnehmende haben mir zu meiner Überraschung erzählt, dass sie Fans des Nach-Foto-Zeichnens sind. Zu Hause hätten sie mehr Muße, weniger Ablenkung, säßen im Trockenen und bekämen keine Erkältung und überhaupt fänden sie dieses Urban-Sketcher-Dogma furchtbar nervig. Ich glaube, ich kenne niemanden, der das Urban-Sketcher-Manifest unterschrieben hat.

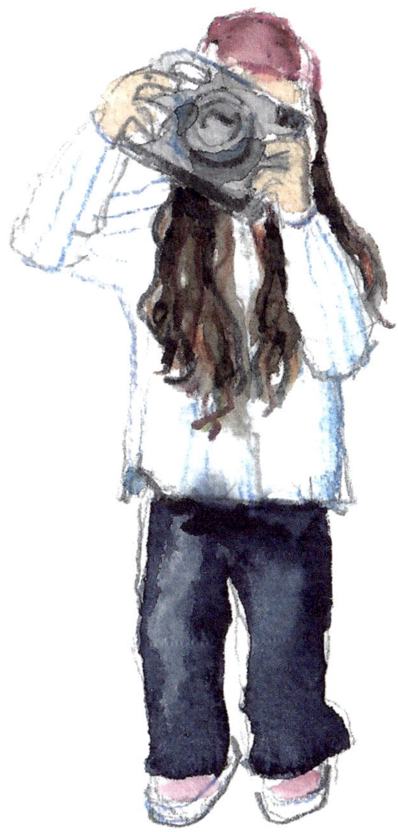

VIELE WEGE FÜHREN INS SKIZZENBUCH

Ein »schönes« Skizzenbuch, träumen wir davon nicht alle? Eins, das man aufschlägt, und jede Seite ist ein Meisterwerk. Alles ist durchkomponiert bis hin zur Schrift, einfach perfekt.

Da muss ich dich enttäuschen, das ist nur ein Traum, jedenfalls für mich. Und vielleicht auch gar nicht erstrebenswert. Warum darf unser Skizzenbuch denn nicht unsere Experimentierzone sein, unsere Ideensammlung und Inspirationsquelle? Und es muss auch gar nicht für andere Betrachtende zur Verfügung stehen. Ganz im Gegenteil, ich halte ein Skizzenbuch für etwas sehr Privates, ähnlich einem Tagebuch.

Lass uns Fehler machen! Möglichst viele!

Das Streben nach Perfektion macht unfrei, ängstlich und behindert damit unsere künstlerische Entwicklung. Wer nichts Neues ausprobiert, macht vielleicht keine Fehler, kommt aber auch nicht vom Fleck. Deshalb ist der Drang nach Perfektion hinderlich für unsere Kreativität. Wir wollen und sollen auch mal daneben liegen! Aus unseren Fehlern lernen wir doch am meisten.

MEIN TIPP

Gleich mal ein Eselsohr und eine kleine Kritzelzeichnung ins Skizzenbuch machen. Das hätten wir also geklärt.

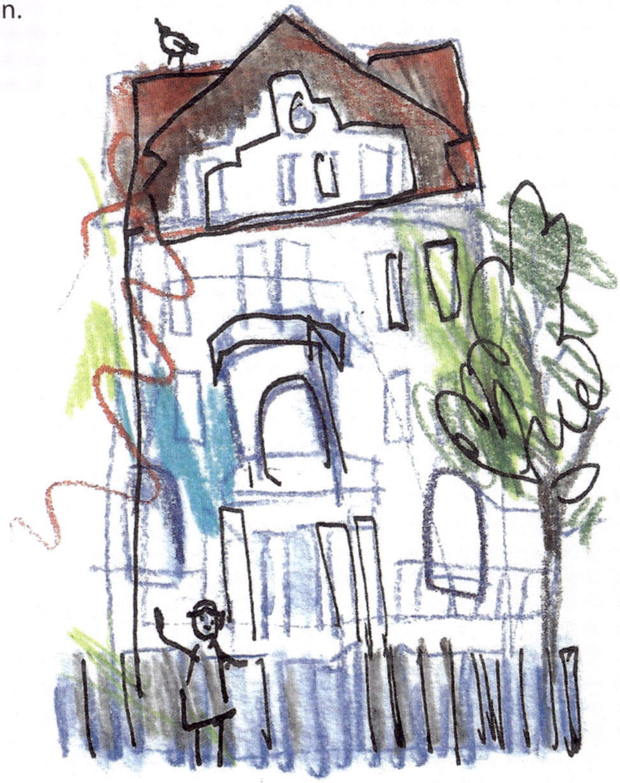

Es gibt nie die eine Methode, die für alle(s) passt. Deshalb stelle ich dir in diesem Kapitel ein paar Varianten vor, wie du mit deinen Zeichnungen beginnen kannst. Ich empfehle dir, alle einmal auszuprobieren und auch dann, wenn du einen Favoriten gefunden hast, immer wieder deine Komfortzone zu verlassen und zu wechseln.

Ich selbst bin zum Beispiel kein ausgesprochener Fan der Spiraltechnik, aber nachdem ich sie für dieses Buch neu entdeckt habe, gefällt sie mir wieder gut. Immer mehr vom Selben führt eben auch genau dazu und im schlimmsten Fall zu Langeweile. Das ist doch wohl absolut zu vermeiden.

VEREINFACHEN

Vereinfachen hört sich gut an, oder? Vielleicht kommen dir direkt Kinderzeichnungen in den Kopf, denn Kinder bringen das für sie Wesentliche aufs Papier, ohne Schnickschnack. So machen wir das jetzt auch. Suchen wir uns ein Objekt, das uns interessiert und zeichnen es, ohne uns darum zu kümmern, ob es so »richtig« ist. Das ist übrigens auch eine prima Übung zum Reinkommen und Warmwerden.

Beim Einkaufen entdeckte ich vor einem Geschäft ein Schaukelpferd. Ich habe mit Fineliner den Umriss gezeichnet, Proportionen spielten keine Rolle. Stattdessen habe ich mich darum gekümmert, was mir Spaß macht, was mich interessiert. Und da du das Original nicht siehst, kannst du meine Zeichnungen nur danach beurteilen, wie sie dir gefallen. Und nicht, wie realistisch sie sind. (Na gut, wenn der Pferdekopf jetzt doppelt so groß wäre wie der

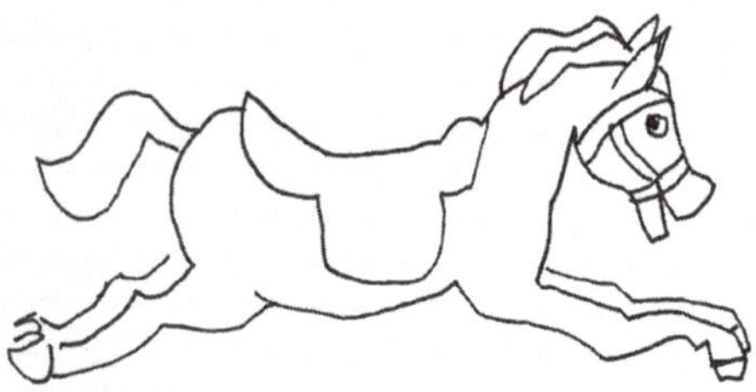

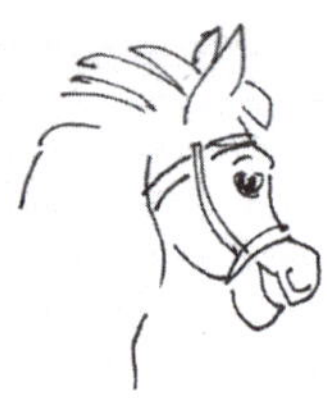

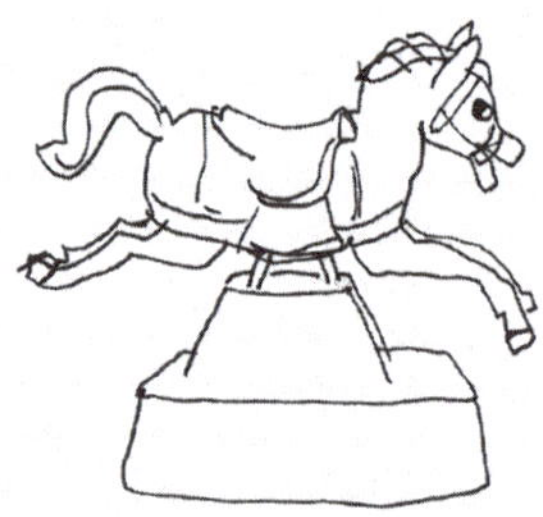

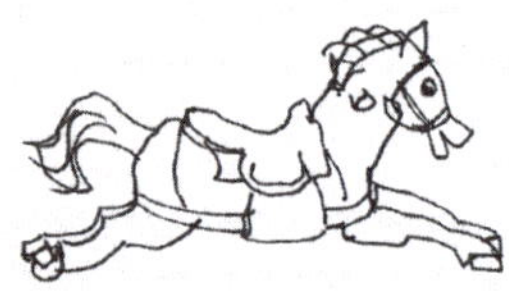

1

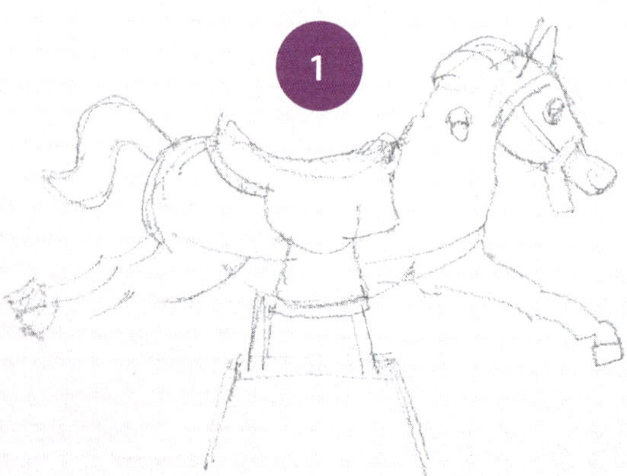

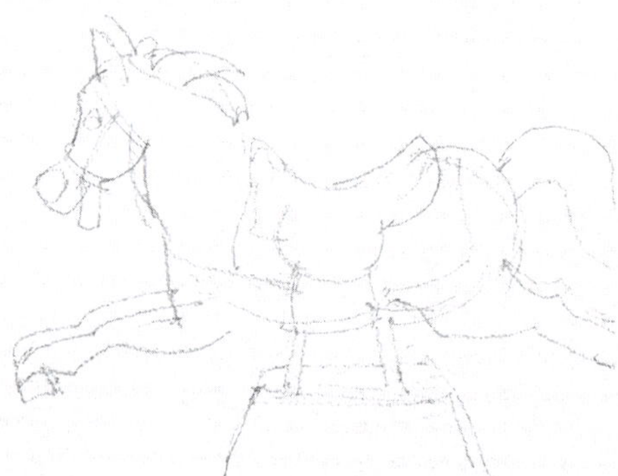

Körper … Aber dann kann es auch gewollt gewesen sein, künstlerische Freiheit.)

Das gilt übrigens für alle Zeichnungen in diesem Buch und auch für deine. Lass dir von niemandem etwas einreden. Neulich las ich, es sei albern von Anfänger:innen, ihre Werke in den sozialen Medien zu posten. Das gehöre in den Privatbereich und müsse nicht gezeigt werden. Wie bitte?! Solche Sprüche brauchen wir nicht. Sie tragen mit dazu bei, dass Menschen gehemmt sind und glauben, schon vor dem Erlernen perfekt in etwas sein zu müssen.

Du hast es gemerkt: Ich möchte dich ein Stück entlasten. Zeichne, was du siehst und wie du etwas wahrnimmst. Es spielt keine Rolle, wie realistisch das Ganze wird oder wie perfekt. Und wie andere das beurteilen.

1. Zurück zum Schaukelpferd. Nach einigen Skizzen fertigte ich eine Bleistiftzeichnung an, die ich anschließend koloriert und im letzten Schritt mit Fineliner vollendet habe. Zum Glück hatte ich meinen kleinen Aquarellkasten dabei. Ich zeige dir hier die einzelnen Schritte.

Du siehst, ich habe auch Linien stehen lassen, die nicht gleich »saßen«. Für mich macht das Zeichnungen lebendig. Außerdem achte ich darauf, sie nicht überall komplett zu schließen und variiere gerne den Druck auf meinen Bleistift. Das macht die Strichstärke abwechslungsreich und erzeugt einen dynamischeren Eindruck.

2. Das Kolorieren macht mir immer richtig Spaß, weil es noch einmal ganz viel aus meiner Zeichnung rausholen kann. Der Pferdekörper selbst war weiß. Deshalb habe ich die Schatten lasierend in Hellgrau und Hellgrün gesetzt, um

2

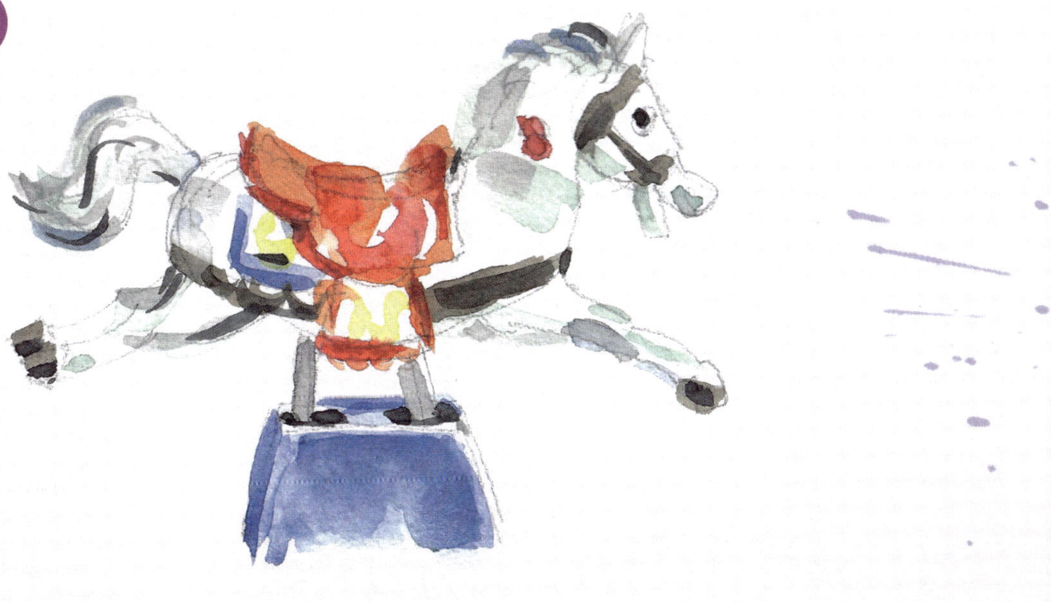

diesen Weiß-Eindruck zu behalten. Rot, Gelb und Blau (die Primärfarben) verstärken den Eindruck eines Kinderspielzeugs.

Ich habe dabei die Stellen ausgespart, auf die das Licht fällt. Du siehst das besonders gut bei dem blauen Untergestell oder dem roten Sattel. Damit erspare ich mir das Anmischen einer extra Schattenfarbe, mit der ich meine Bilder schnell vollmalen könnte. Stattdessen setze ich die gewünschte Farbe schwerpunktmäßig dort ein, wo Schatten liegt, und erhalte mir dadurch die typische Leichtigkeit von Aquarellbildern. Diese entsteht auch durch ein Über-die-Linie-Hinausmalen. Damit vermeidest du deine Zeichnung wie ein Ausmalbild wirken zu lassen.

3. Den letzten Schliff erhält meine Zeichnung mit dem Fineliner. Damit habe ich Konturen nachgezogen und für klar abgetrennte Partien gesorgt. Auch großzügig aquarellierte Bereiche lassen sich nachträglich in Form bringen, zum Beispiel beim Schweif, den Nüstern oder Hufen.

Die Bleistiftlinien – auch die »falschen« – sind immer noch sichtbar und sogar durch die Aquarellfarbe wischfest gemacht. Mir gefällt das sehr gut. Wenn du anderer Meinung bist, empfehle ich dir, diese Linien vor dem Aquarellieren auszuradieren. Ist erst einmal die Farbe darüber, ist es nicht mehr möglich.

3

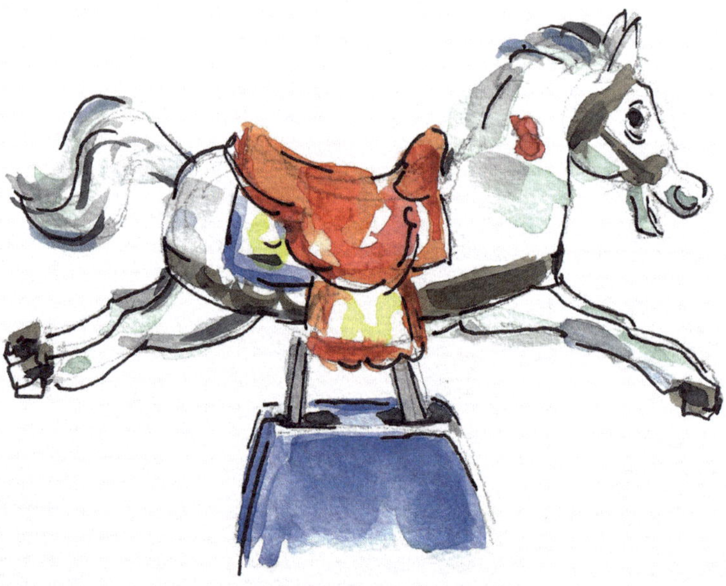

»Der sympathische Roller«, so habe ich diese Zeichnung genannt. Sie macht mir noch im Nachhinein gute Laune. Mit wenigen Fineliner-Strichen hat auch der Roller für mich etwas von Kinderspielzeug, denn seine Darstellung ist einfach. Dazu ist er nicht perfekt, da sich Linien unkorrigiert überschneiden und teilweise schief sind. Das hat mich nicht gekümmert – ganz im Gegenteil. Und deshalb bekam er auch noch einen winzigen Farbanstrich. Wenige Lasuren, die über die Linien reichen, plus ein kleines Herz als Kennzeichen. Ein Roller zum Liebhaben!

Wenn du mein Buch »Porträtzeichnen ganz einfach« kennst, weißt du bereits, ich mag kleine zeichnerische Spielereien. Dazu gehört es auch, meine Motive – mehr oder weniger stark – zu abstrahieren. Aus einer Stadtansicht kann damit zum Beispiel eine Ansammlung kleiner bunter Klötzchen werden, aus einer Restaurant-Szene ein Gewusel von Formen und Farben.

Doch wie geht das?

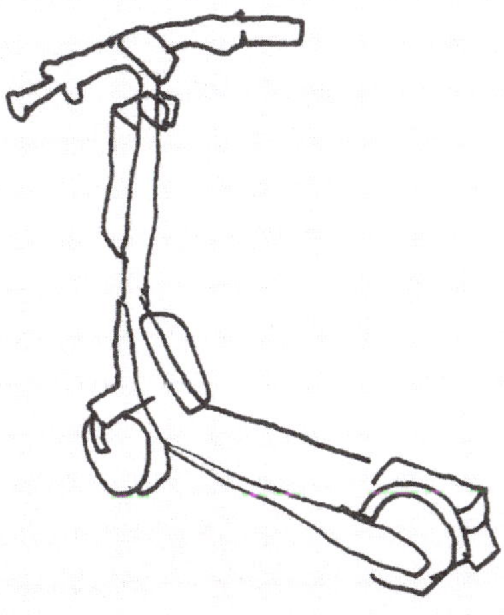

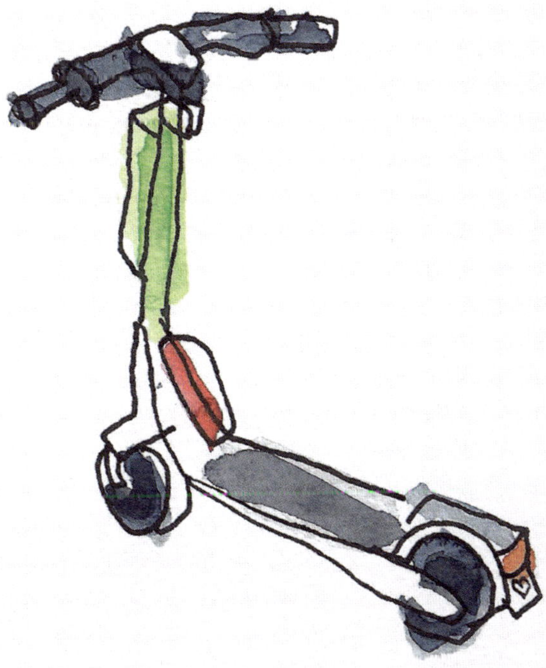

Wir alle kennen Sprüche über Kunst wie »Das kann mein Kind auch«. In meinen Kursen höre ich allerdings auch öfter den Satz »Macht Spaß, ist aber gar nicht so einfach«. Aha, ja was denn nun?

Beim Ausprobieren wirst du merken, mit dem locker-flockigen Aufs-Papier-Werfen ist das so eine Sache. Mal sieht es einfach nur chaotisch aus, mal interessant oder auch langweilig. Deshalb möchte ich dir ein wenig Hilfestellung geben, damit es gut klappt.

Gehen wir dazu doch unter eine Düsseldorfer Brücke, wo sich ein Kiosk befindet. Dort gibt es interessante Ecken und Winkel – schöne Elemente für eine leicht abstrakte Skizze mit dem Fokus auf die Farbigkeit.

1. Ich beginne mit einer Bleistiftzeichnung. Dabei entdecke ich interessante Formen wie Dreiecke und Rechtecke, Parallelen und Zylinder.

2. Es folgt eine erste Kolorierung mit Aquarellfarbe, wobei ich neben Lasuren auch die Nass-in-Nass-Technik einsetze (zum Beispiel beim blauen Himmel, beim Treppenaufgang und der angrenzenden Wand). Der Ort ist eigentlich grau in grau, ziemlich düster. Was mich dazu verleitet hat, erst recht bunt zu werden. Die pinkfarbene Wand ist ein interessanter Eyecatcher, oder?

3. Linien machen die Zeichnung interessanter. Ich habe auf die Wand gekritzelt und willkürlich ein paar Striche beim Absatz darüber gesetzt und das Geländer ganz oben angedeutet. Dazu kam noch ein grünes Rechteck für das Schild an der Säule. Für mehr Lebendigkeit achte ich darauf, meine Strichstärke zu variieren.

4. Den letzten Schliff gibt es durch einige Fineliner-Linien. Nicht zu viel, es soll nicht »eingerahmt« wirken. Aber du siehst sicherlich, wie das Motiv als Ganzes noch mal eindrücklicher wird.

1

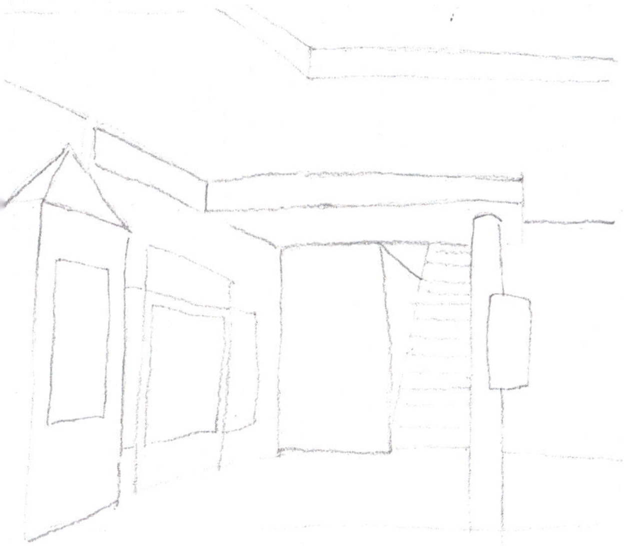

2

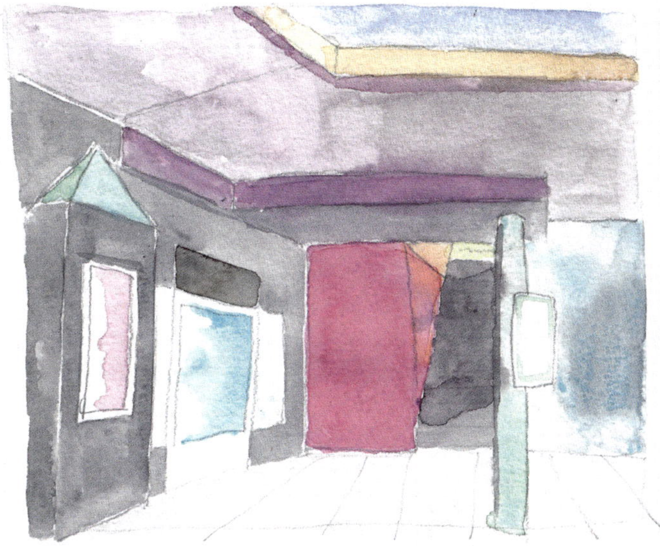

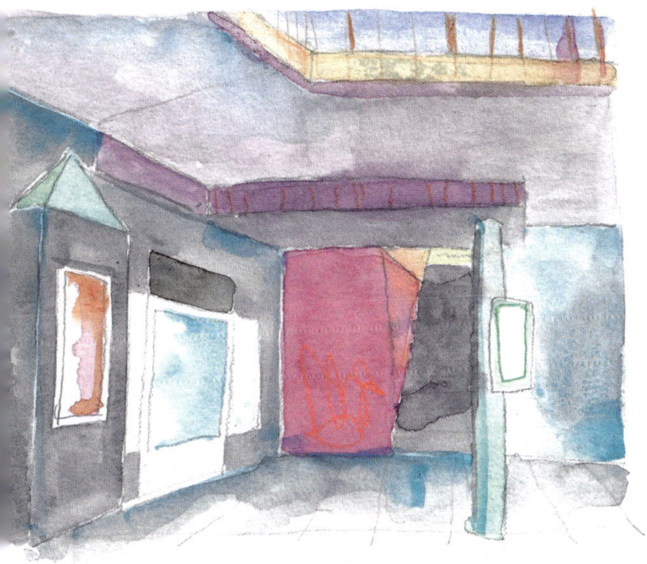

3

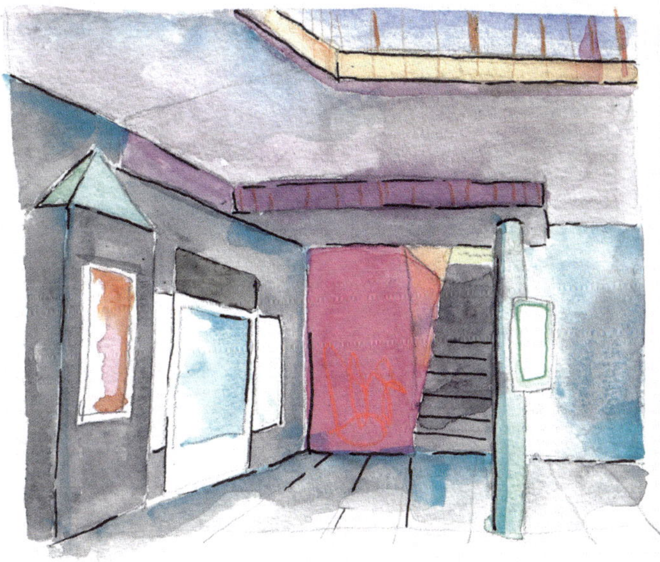

4

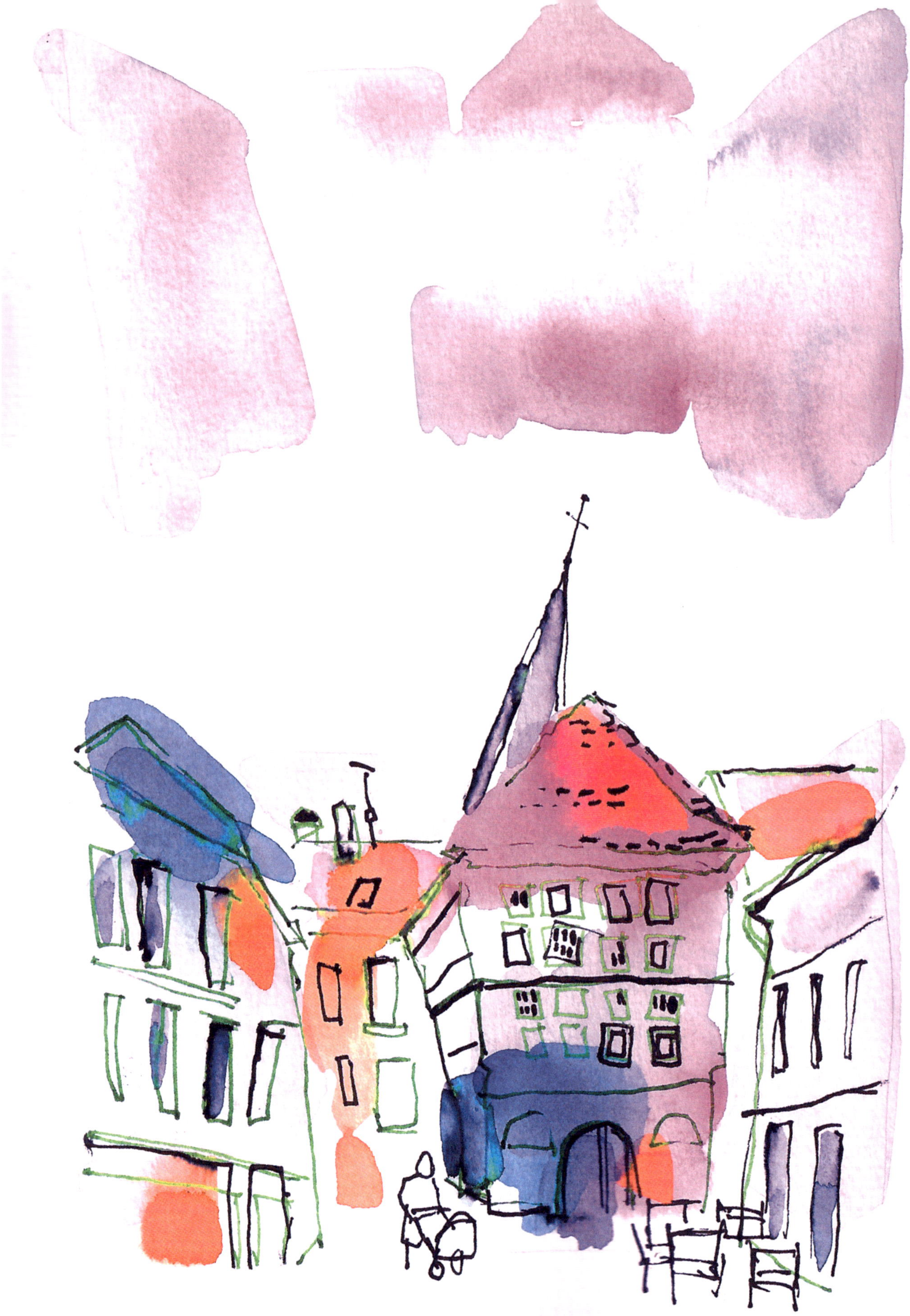

Von der Fläche zur Linie

Wahrscheinlich bist du es gewohnt, deine Zeichnungen mit einer Linie zu beginnen. Nichts anderes bedeutet Zeichnen: Wir setzen Linien aufs Papier. Wie wäre es, zur Abwechslung mit einer Fläche zu starten, also ins Malerische zu wechseln? Dafür erfassen wir die Form als Gesamtes, aber zunächst ohne Details, wie in dem Beispiel oben. Am besten verwendest du für diese Technik einen breiten Pinsel. Unser Schwertpinsel Stärke 10 ist dafür bestens geeignet.

Mein beliebtestes Beispiel dazu ist ein Schloss mit vielen Türmen. Da kann einem schon schwummerig werden bei der Überlegung, das aufs Papier zu bringen. Konzentrieren wir uns dagegen auf das große Ganze, vereinfachen wir wieder und machen es uns leichter.

Hilfreich kann dabei auch sein, in Analogien zu denken. Beim Schloss fällt mir witzigerweise immer eine Geburtstagstorte ein. Das Bauwerk ist die mehrstöckige Torte, die Türme sind die Kerzen. Das klingt schon weniger schwierig.

Hast du Lust, das mit mir auszuprobieren? Wir erfinden ein Schloss komplett freihändig aus dem Gedächtnis.

1. Dafür habe ich zunächst mit breiten, waagerechten Pinselstrichen das Grundgerüst gemalt. Nach dem Trocknen kamen die senkrechten Türme als Lasuren hinzu.

2. Und dann beginnt der Spaß! Nach und nach kannst du dein Schloss nun mit dem Zeichenstift (Fineliner, Bleistift, Buntstift – was immer du magst) um Türme, Fenster, Zinnen und kleine Details ergänzen. Ich habe auf einmal Gesichter erkannt und einige Türme bewusst menschlich gestaltet. Bei den Dächern war mir Abwechslung in Form und Muster wichtig. Und zwei kleine Vögel und ein Blumentopf sorgen für einen Schuss Lebendigkeit.

1

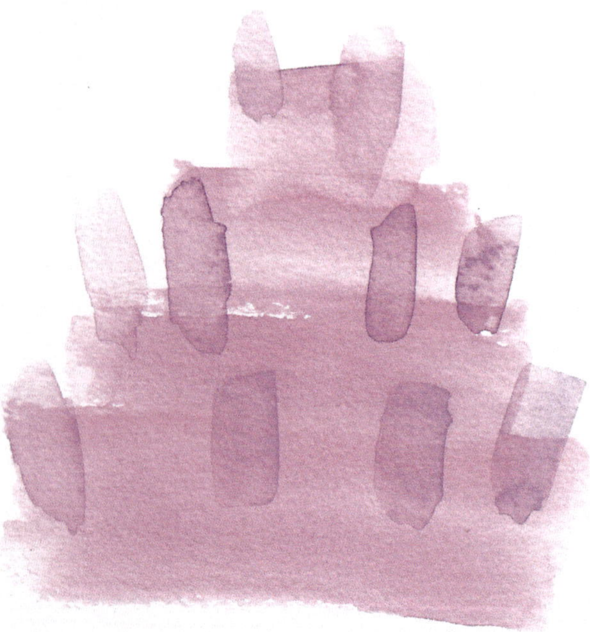

2

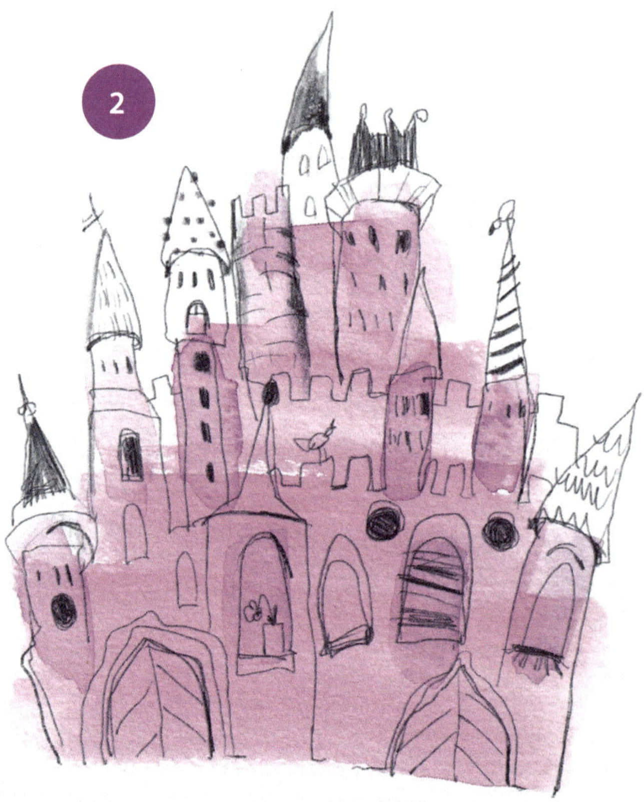

Für viele meiner Kursteilnehmenden ist das Beginnen mit der Fläche ein Aha-Erlebnis, denn es erleichtert das Einfangen eines Motives. Besonders, wenn es sehr komplex ist, wie eben ein Gebäude mit Erkern und Türmchen.

Ich habe das hier für dich anhand des Gebäudes der Bezirksregierung Düsseldorf ausprobiert, einem neobarocken Bau am Rheinpark.

1. Vereinfacht ausgedrückt besteht der Teil des Gebäudes, den ich gezeichnet habe, aus einem querliegenden Rechteck mit drei Erhöhungen. Anstatt sich mit komplizierten Begriffen zu belasten, macht diese neutrale Beschreibung das Zeichnen leichter. Denn ein Rechteck ist schnell aufs Papier gebracht. Und genauso habe ich das mit Aquarellfarbe auf meinem Blatt festgehalten.

2. Im zweiten Schritt habe ich Details mit meinem Fineliner in die Fläche gezeichnet. Die drei erhabenen Stellen waren dabei eine gute Orientierungshilfe, mehr aber auch nicht. Ich strebe keine architektonisch genaue Zeichnung an, sondern möchte auf lockere Art den Charakter des Gebäudes wiedergeben. Dafür muss ich weder Säulen noch Fenster abzählen.

3. Du siehst, hier wächst die Zeichnung immer mehr und verdichtet sich durch das Hinzufügen weiterer Details, vor allem der Fenster.

1

2

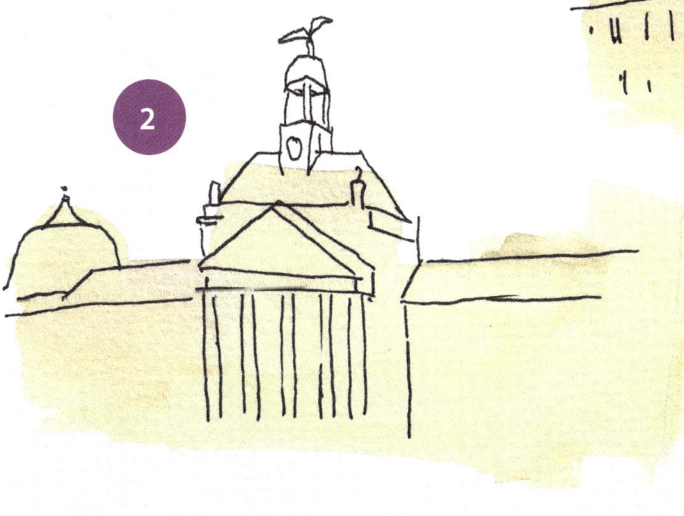

3

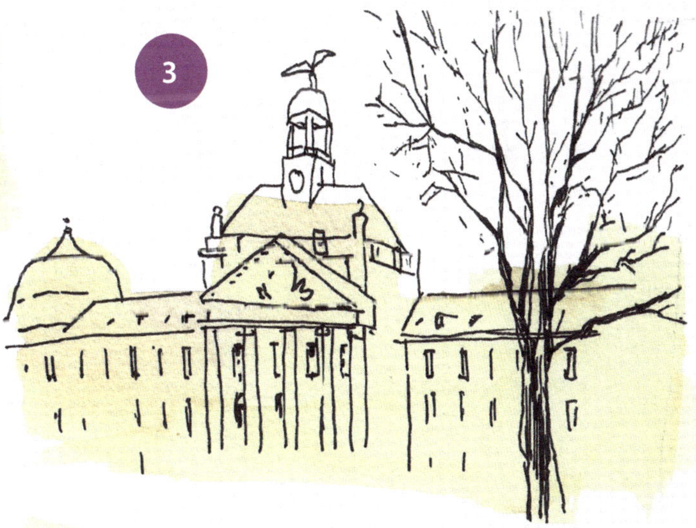

Diese sollten in einer Flucht liegen, müssen aber nicht einzeln genauestens ausgestaltet werden. Du darfst auch ruhig hin und wieder eins auslassen!

Weil wir oben drüber sprachen, zwei kurze Anmerkungen zur Perspektive: Ich habe aus der Entfernung auf die Dächer schauen können, aber unter das Dach der sogenannten Laterne mit dem Preußischen Adler. Der Baum im Vordergrund verortet das Gebäude und schafft Räumlichkeit. Solche Kleinigkeiten zu berücksichtigen, machen deine Zeichnung stimmig.

4. Jetzt aber noch mal der Griff zur Farbe, um für Kontraste zu sorgen. Die dunklen Dächer, die Schatten zwischen den Säulen und die rötlichen Streifen auf der Fassade zur Andeutung des Baumaterials sorgen für mehr Auffälligkeit. Die kupferne Laterne hat das typische Grüntürkis erhalten, das sich auch im Himmel wiederfindet.

Sicherlich hast du es erkannt: Der Himmel wurde laviert, also nass in nass aquarelliert. Dagegen habe ich beim Gebäude die Lasurtechnik angewandt.

5. Bäm! Jetzt strahlen die Farben um die Wette! Es war zwar Winter und der Baum unbelaubt. Das war mir aber doch etwas zu trostlos. Deshalb kam das frische Maigrün hinzu und für die Gebäudefassade weitere Lasuren an Violett und Orange. Das Türkis in der oberen linken Ecke ergibt zusammen mit dem knalligen Grün einen schönen Gegensatz zu den ansonsten eher gedeckten Farben.

6. Huch, jetzt hat sich auch noch ein Hund ins Bild geschoben!

Ich habe ihn nachträglich ins Bild montiert, was sofort eine andere Wirkung erzeugt. Nun steht der Hund im Mittelpunkt anstelle des Bauwerkes. Gleichzeitig entstehen weitere Bildebenen: vorn der Hund, im mittleren Bereich der Baum und hinten das Gebäude.

4

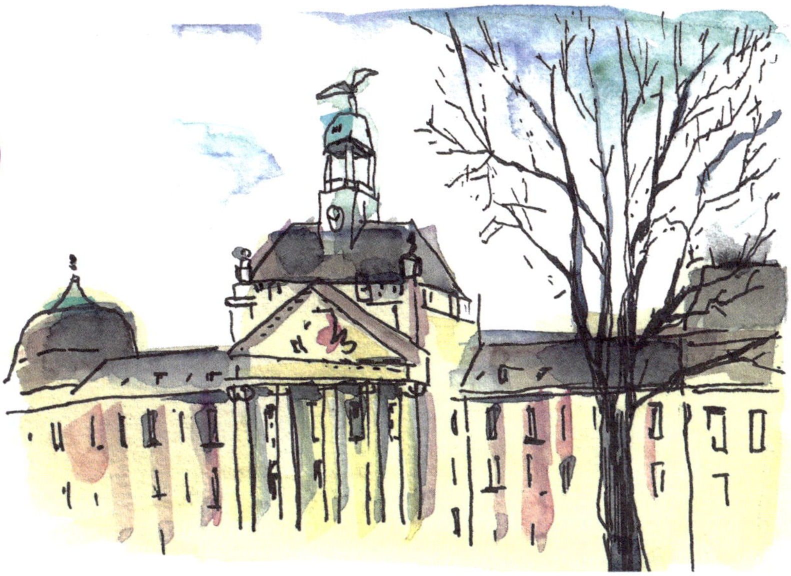

5

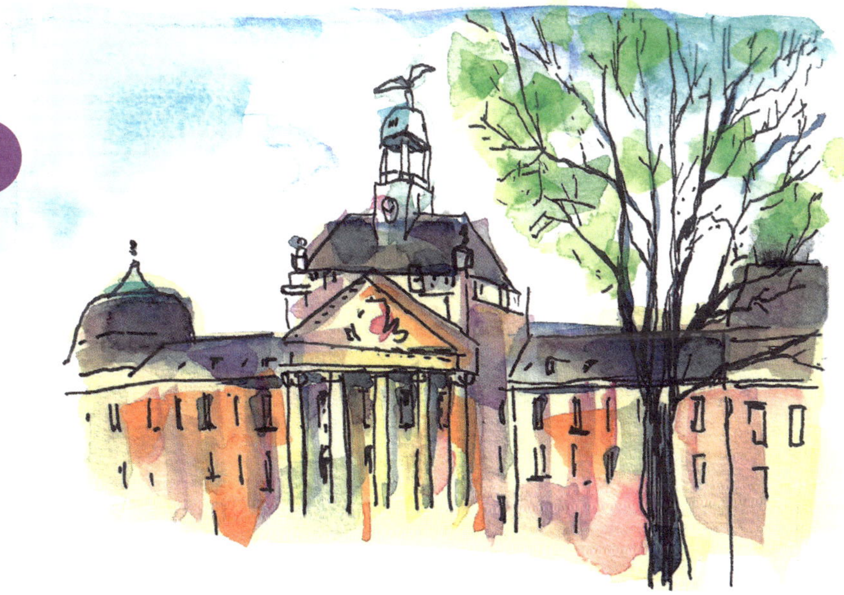

6

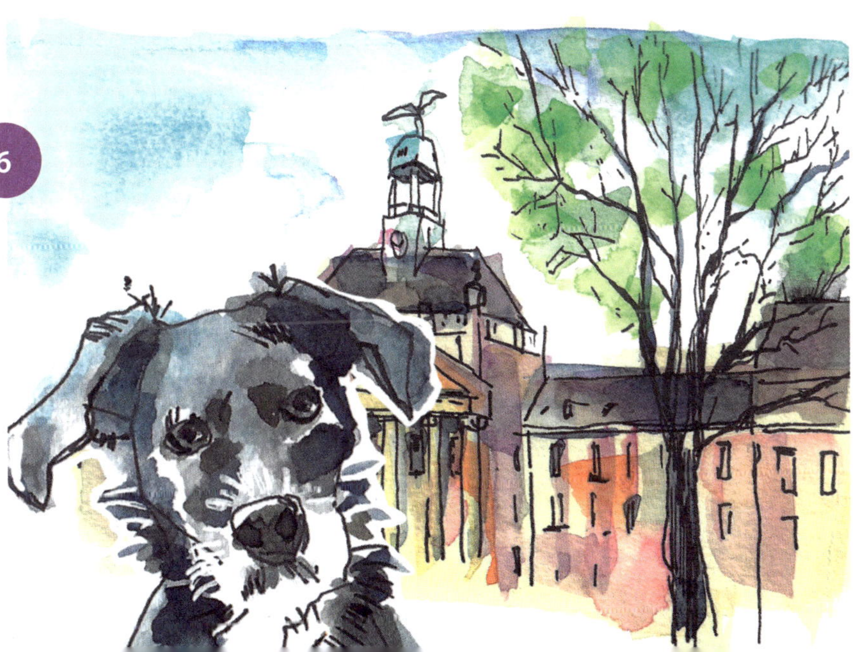

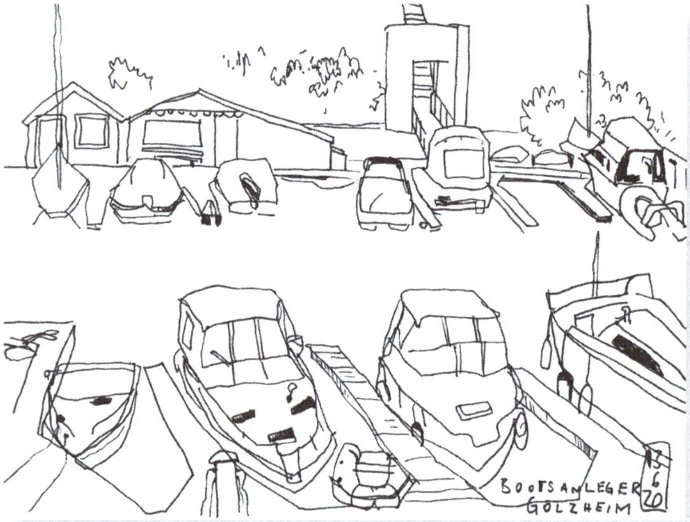
BOOTSANLEGER
GOLZHEIM
13
6
20

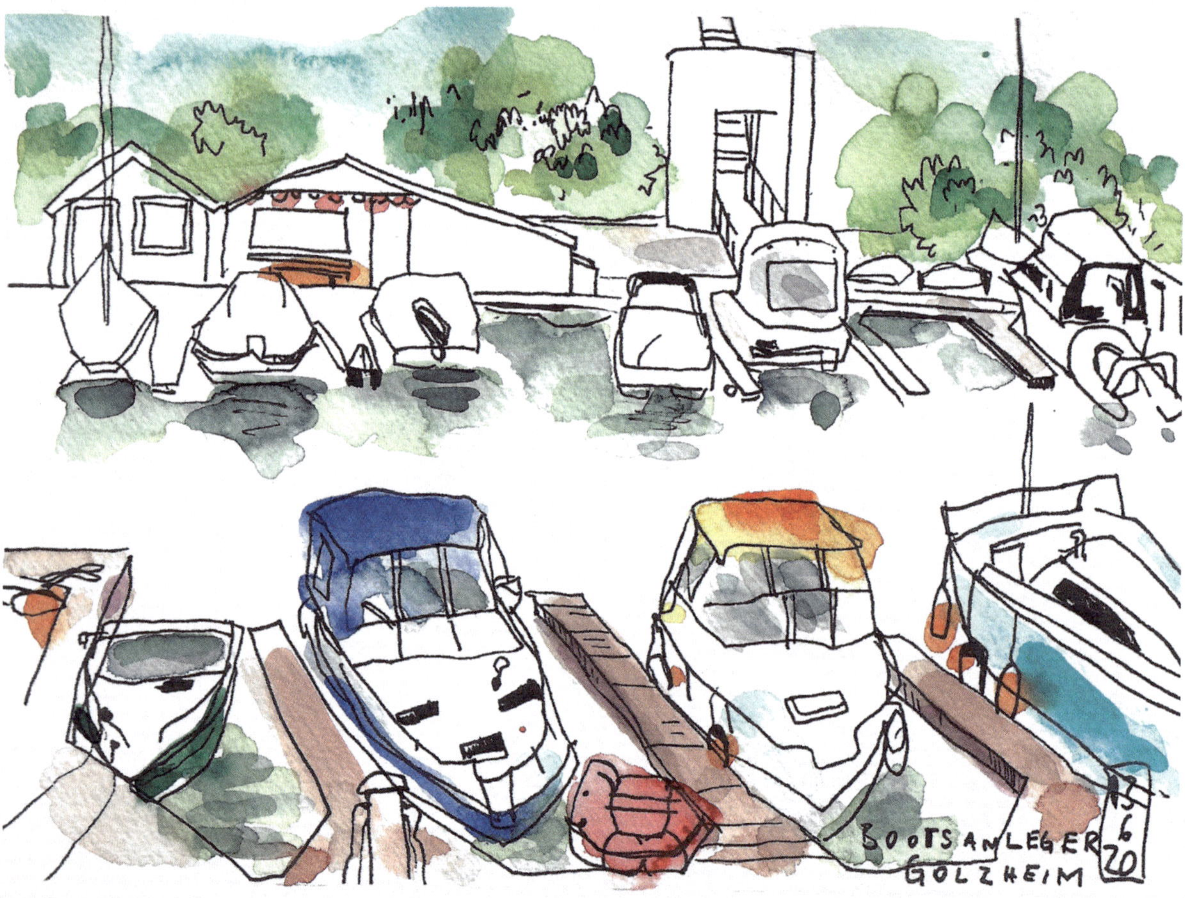
BOOTSANLEGER
GOLZHEIM
13
6
20

Grafisch zeichnen

Damit meine ich Zeichnungen, die aus einer (schwarzen) Outline, also einer Umrandung, bestehen. Du kennst das sicherlich aus Comics. Bei dieser Technik kommt es darauf an, den Strich bewusst zu setzen, ohne viel zu stricheln. (Solltest du noch nicht geübt sein, zeichnest du vielleicht dünn mit Bleistift vor.)

Wenn wir ganz minimalistisch nur mit einem Stift unterwegs sind, kann so eine Zeichnung auch gut für sich stehen. Schatten und Akzente lassen sich schraffieren oder – je nach Gegebenheit des Stiftes – mit Wasser vermalen. Aber natürlich kannst du auch mit Farbstiften oder deinem Aquarellkasten kolorieren.

Bei mir um die Ecke ist ein kleiner Hafen. Dorthin nehme ich dich jetzt mit zum Booteskizzieren.

Für diese Zeichnung habe ich einen Fineliner verwendet und mit den vorderen Booten begonnen, jeweils mit der äußeren Form. Im zweiten Schritt kamen Details dazu wie Fenster, Fender, Leuchten etc. Zum Schluss habe ich den Steg eingezeichnet.

Auf die gleiche Art bin ich mit der hinteren Reihe Booten verfahren, nur dass ich sie mit weniger Einzelheiten ausgestattet habe. Es folgten die Häuschen im Hintergrund, der Treppenaufgang und ein paar angedeutete Büsche.

Im Grunde stand diese Zeichnung gut für sich. Eine schöne Abwechslung auch zwischen meinen bunten Skizzenbuchseiten. Gleichzeitig interessierte mich aber auch, wie die Zeichnung wohl koloriert aussehen könnte. Das habe ich dann einfach ausprobiert.

TIPP

Bist du dir vor so einem Schritt unsicher, kannst du deine Zeichnung auf Aquarellpapier (am besten per Einzelblatteinzug) ausdrucken und weiterbearbeiten. So gehst du kein Risiko ein, deine Zeichnung im Zweifel zu verderben.

Auf der linken Seite siehst du das Ergebnis.

Bootskörper sind meistens weiß. Das kommt der Aquarelltechnik sehr entgegen, denn dort lassen wir einfach das Papier für mehr Leichtigkeit stehen. Die Boote in der ersten Reihe haben ein paar Farbakzente bekommen, die in der hinteren Reihe bewusst nicht. So lassen sich wunderbar Schwerpunkte im Bild setzen. Die Büsche im Hintergrund sind wieder farbig und bilden nach oben hin einen rahmenden Abschluss.

Und nicht zu vergessen das Wasser. Ich habe es rund um die Boote angedeutet und mit dunklerer Lasur die Spiegelung des Bootskörpers verdeutlicht. In der Mitte habe ich das Papier stehen lassen. Ich finde, der Eindruck von Wasser funktioniert so sehr gut.

Spiraltechnik

Zur Verdeutlichung dieser Technik stell dir bitte kurz eine Spirale vor. Eine ganz simple, deren Kreise sich immer weiter nach außen bewegen. Genau das ist das Prinzip der Spiraltechnik: Wir beginnen mit einem Motiv und bewegen uns zeichnerisch immer weiter ergänzend drumherum. Dabei spielt es keine Rolle, ob du mittig im Bild anfängst oder eher in einer Ecke. Vor allem planst du deine Zeichnung nicht sehr weit im Voraus, sondern beginnst an einem Punkt, der dich interessierst und schaust, wie sich das Ganze entwickelt.

TIPP

Bist du gewohnt, deine Motive vorab mit Bleistift zu skizzieren, um alles ordentlich an Ort und Stelle zu haben, wäre dies eine gute Möglichkeit, deine Komfortzone zu verlassen. Sieh es als lockeres Experiment für eine neue Zeichenerfahrung.

Du könntest dich auf einen belebten Platz setzen und ein erstes interessantes Motiv – zum Beispiel einen Kiosk - ins Auge fassen. Mit diesem fängst du an und arbeitetest ihn aus. Bist du fertig damit, gehst du über zum nächsten Motiv – einem Baum? – und verbindest die beiden, indem du Pflastersteine, Rasen oder dergleichen ergänzt. Und so arbeitest du dich durch dein Bild voran.

Ich demonstriere dir das hier beim Blick in das Schaufenster eines Antiquitätenladens. Die Fülle und Verschiedenheit an ausgestellten Dingen ist ein reizvolles Motiv, oder? Dabei hat die Spiraltechnik auch den Charme, jederzeit das Bild beenden zu können – zum Beispiel, um noch etwas Text einzufügen. Oder einfach, weil uns die Komposition, so wie sie ist, gefällt.

Der Antiquitätenladen, vor dem ich stand, hatte eine überwältigende Auslage. Mit überwältigend meine ich viel. Eine Fülle von Dingen in verschiedenen Größen, thematisch gruppiert, aber dennoch teilweise auch wieder überhaupt nicht zusammenpassend. Also ideal, um mit dem Zeichnen zu starten.

1. Ich begann mit einer kleinen Skulptur, Maria mit dem Jesuskind auf dem Arm darstellend. Dazu habe ich meinen Füller mit wasserfester Tusche eingesetzt.

2. Es folgte ein Tisch mit Weihnachtsfiguren sowie einem Elch und einem Vogel aus Porzellan. Hier habe ich ein bisschen mit Bleistift vorgearbeitet. Du siehst, auf Details wie Gesichter wurde teilweise bewusst verzichtet. Das habe ich später durch Kolorierung aufgelöst.

2

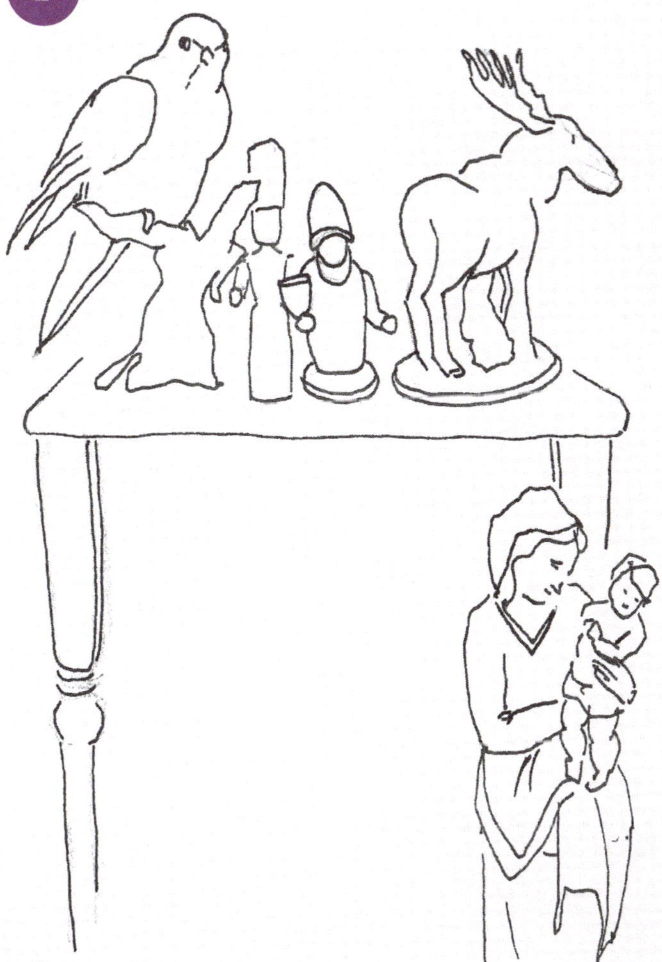

1

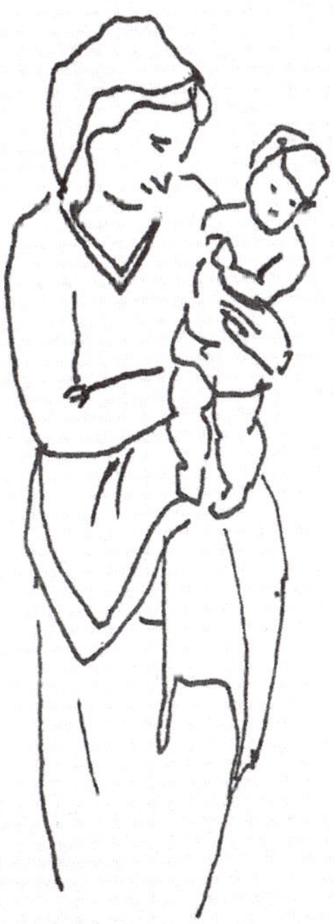

3. Um das Ensemble komplett zu machen, kamen das Besteck, ein Kerzenleuchter und ein wenig Geschirr dazu. In der Auslage standen noch viel mehr Dinge. Teilweise waren sie durch die Spiegelung der Fensterscheibe oder spärliches Licht nicht gut zu erkennen. Dann habe ich sie weggelassen und das Prinzip der Vereinfachung angewandt. Entscheidend war, den Eindruck der »Dekorationsdichte« wiederzugeben.

3

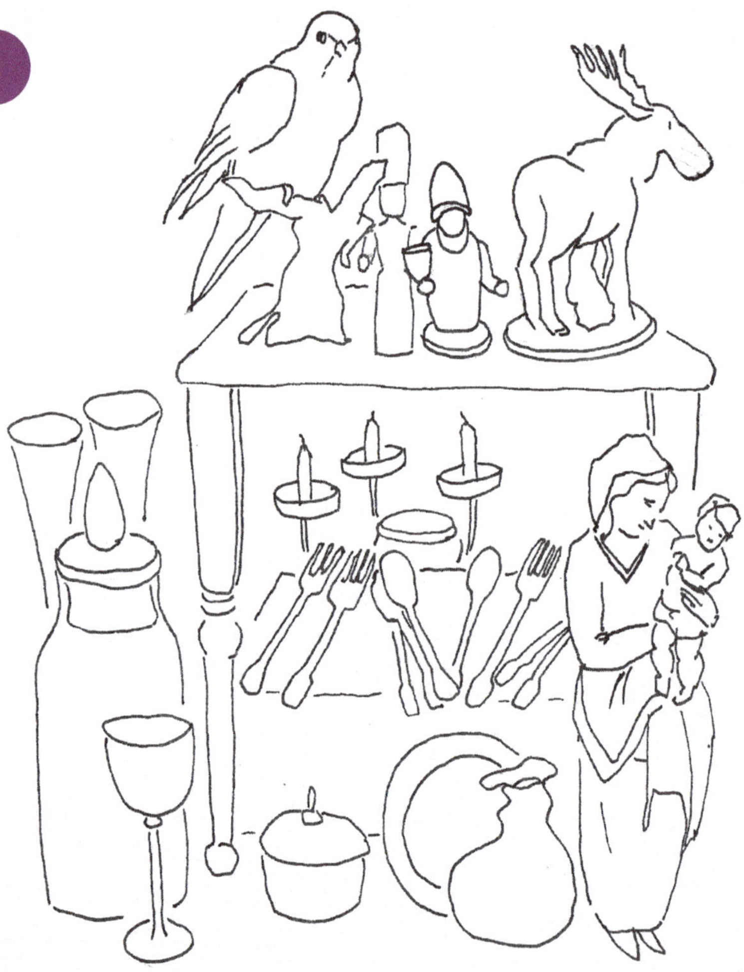

4. Dies gelingt im nächsten Schritt auch noch einmal verstärkt durch den Einsatz von Aquarellfarbe.
5. Hier siehst du im Rückblick noch einmal anhand der eingezeichneten Spirale den Entstehungsprozess der Zeichnung.

5

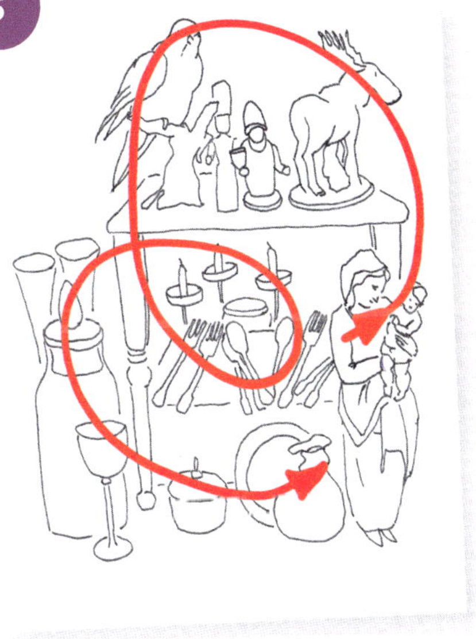

4

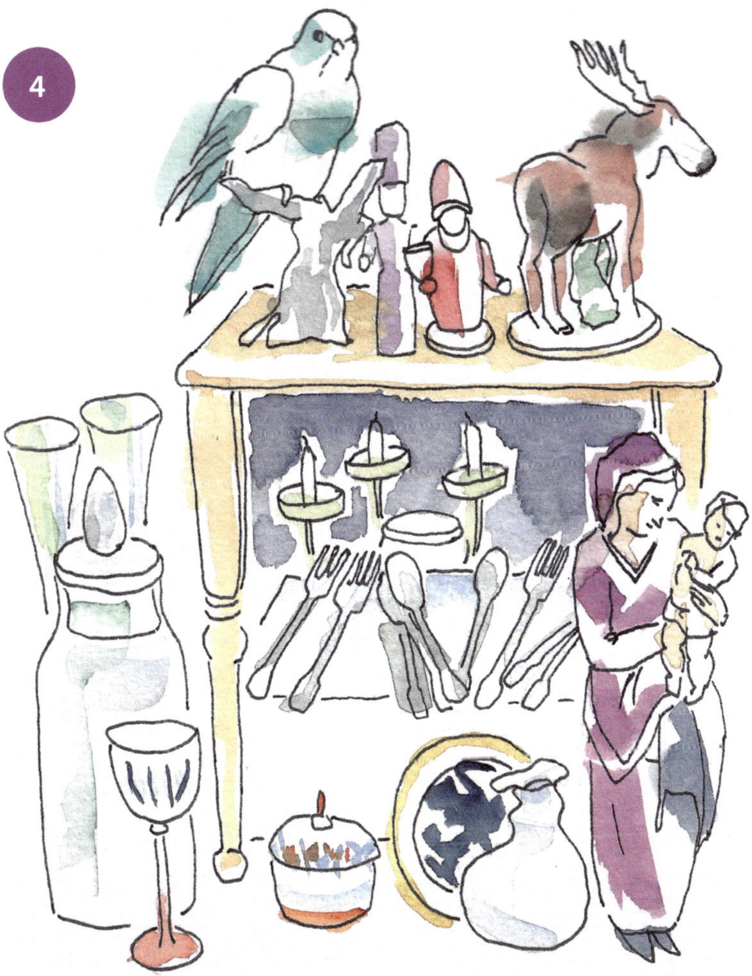

6. Kommen wir also zur weiteren farblichen Gestaltung. Wieder habe ich mich, wie immer bei der ersten Lasur, auf die dunklen Stellen konzentriert, unter Aussparung der belichteten. (Du weißt bereits, so vermeiden wir, in den Ausmal-Modus zu verfallen.) Ich achte außerdem auf die stärksten Kontraste – hier zum Beispiel ist es der Raum unter dem Tisch, der stark verschattet ist.

Bis zum Endergebnis folgten weitere Lasuren. Ab und zu habe ich Farbe auch mal verlaufen lassen und laviert. Du erkennst das beim Weinglas, Vogel oder Elch.

TIPP

Ein wenig Struktur ist immer ein Gewinn für dein Bild und macht es interessanter. Vielleicht hast du die Pünktchen auf dem Tischtuch bemerkt, auf dem das Besteck liegt. Oder die Zeichnung auf dem Vogelkörper oder Baumstamm. Das sind kleine Effekte mit großer Wirkung. Genauso das Muster auf dem Weinglas, die Streifen auf den Sektflöten oder die Ornamente auf der Porzellandose.

6

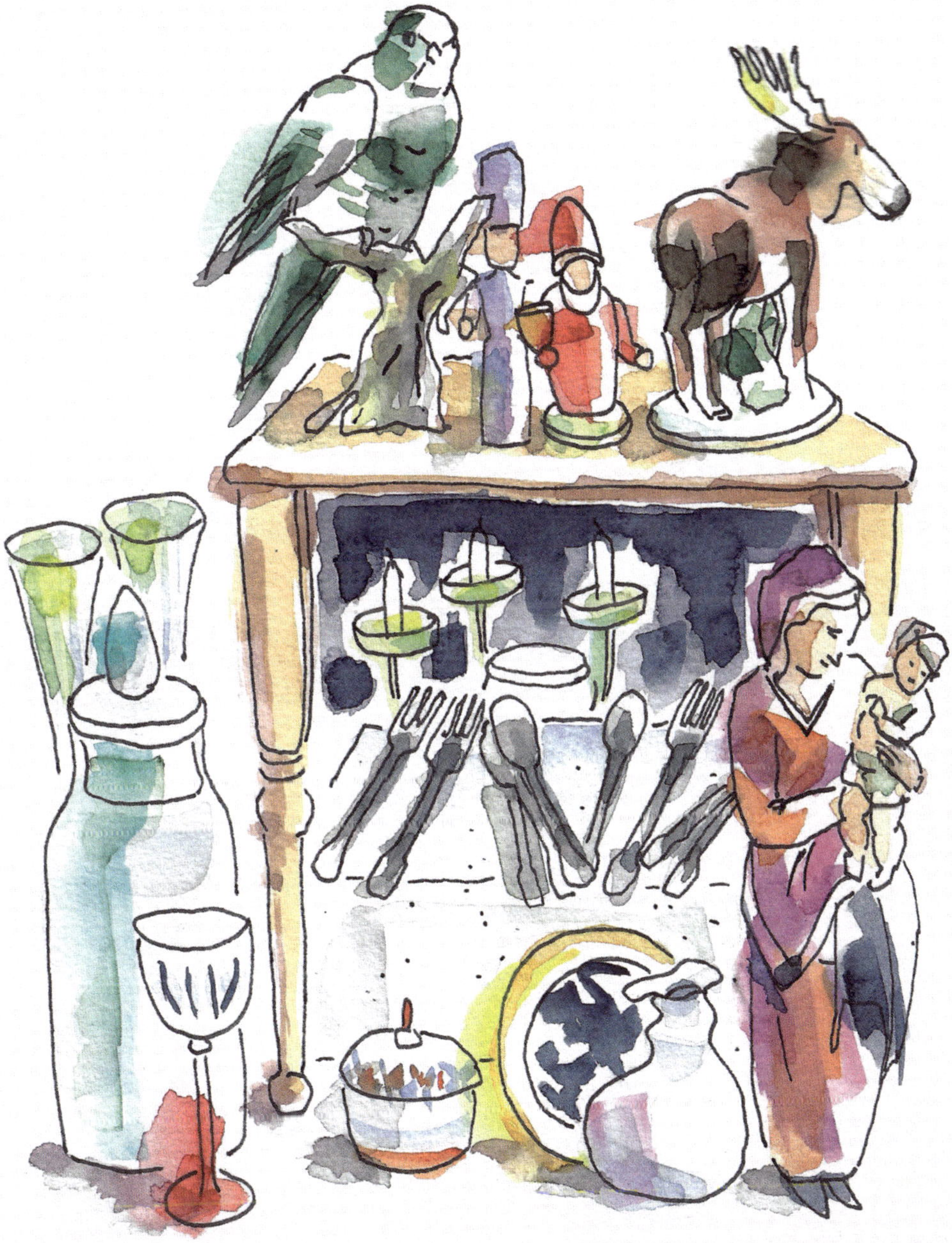

Erweitere dein Sichtfeld

Stell dir vor, du sitzt an einer langen gedeckten Tafel und möchtest sehen, welche leckeren Gerichte dort links und rechts von dir stehen. Ohne den Kopf seitlich hin und her zu drehen, wird dir das nicht gelingen, denn dein Sichtfeld hat natürliche Grenzen.

Deshalb imaginieren wir nun zeichnerisch eine Perspektive, die den gesamten Raum vor dir abbildet und um dich herum krümmt - entweder von der Mitte oder aus einer Randposition heraus. Ganz nach Lust und Laune, denn hier geht es schon einmal gar nicht um perspektivische Genauigkeit. Übertreibungen sind durchaus erwünscht! Was kein Kameraobjektiv der Welt kann, machen wir möglich!

1

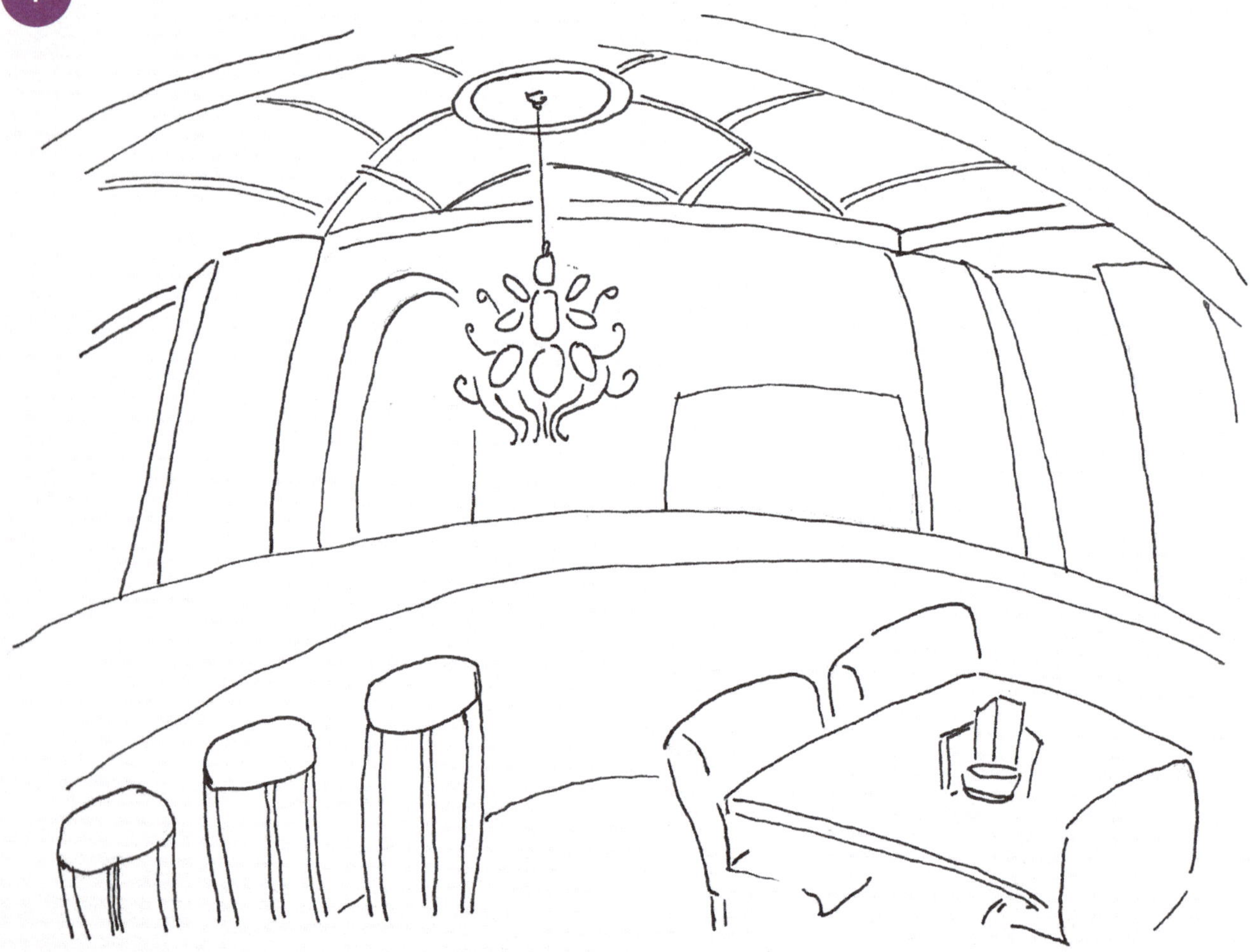

Ich nehme dich dafür mit in ein wunderschönes Café. Es verfügt neben einem langen Tresen, der sich gut für unser Vorhaben eignet, über Regale voll mit Flaschen, dazu Barhocker, Tische, Stühle und einiges an Deko.

1. Ich beginne, mit Fineliner den Tresen zu zeichnen und lasse ihn sich in seiner Krümmung von rechts nach links verbreitern. Die Decke gestalte ich als Kuppel, in deren Innern sich die Regale und Schränke nach außen wölben. Die Bestuhlung und den Tisch lege ich ebenfalls an. Alles darf ein wenig schief sein. Wie gesagt, wir arbeiten hier mit einer imaginierten Perspektive, bei der nichts korrekt sein muss.

2

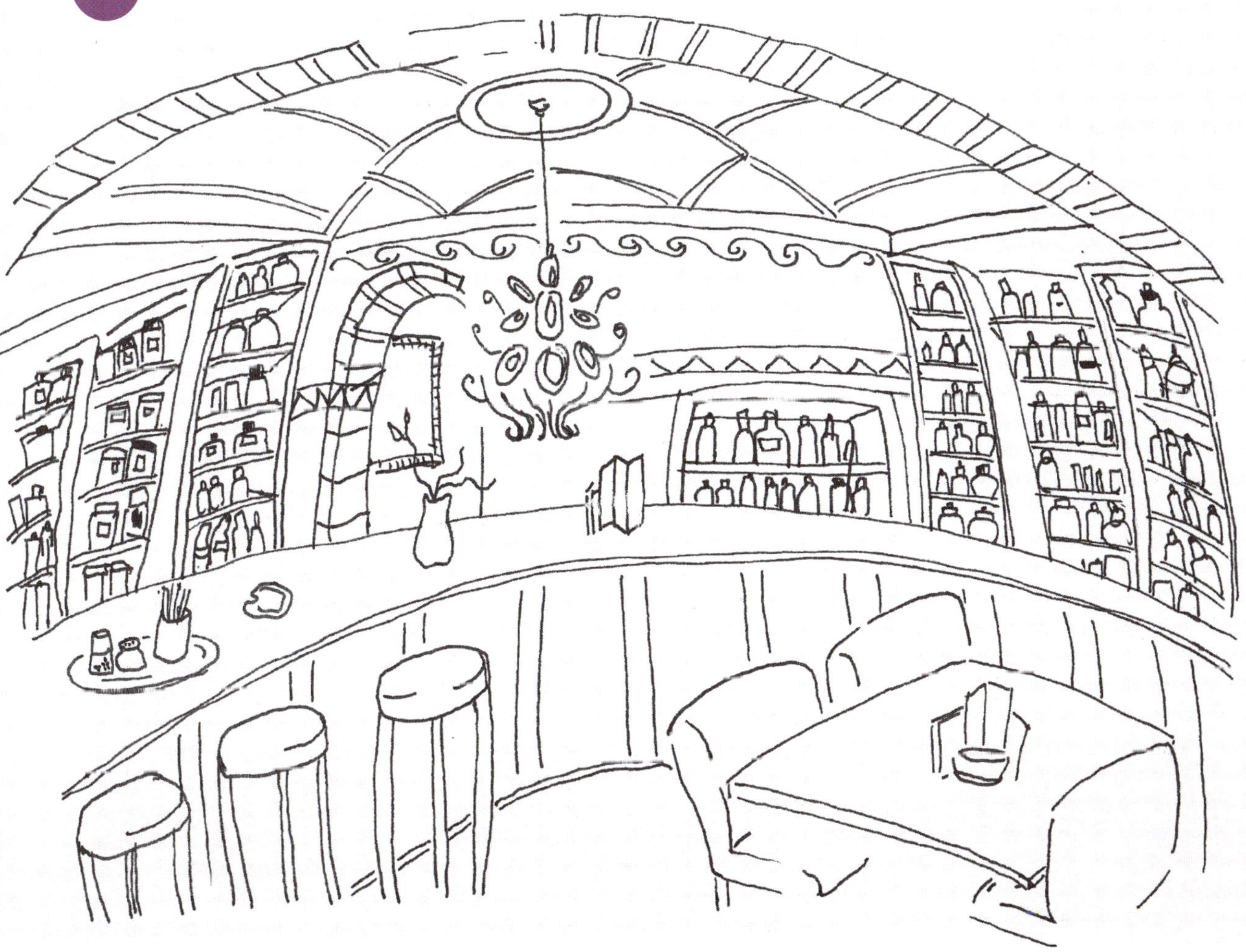

2. Volle Regale, ein von der Decke baumelnder Kronleuchter, Speisekarten und ein bisschen Barzubehör auf dem Tresen. Dazu Ornamente als Wand- und Deckenbemalung – jetzt sind wir mittendrin im Café. Ich habe nicht jede einzelne Flasche studiert und auch nicht ihre Anzahl geprüft, sondern einfach mit verschiedenen Formen losgelegt und sie in den Regalen platziert.

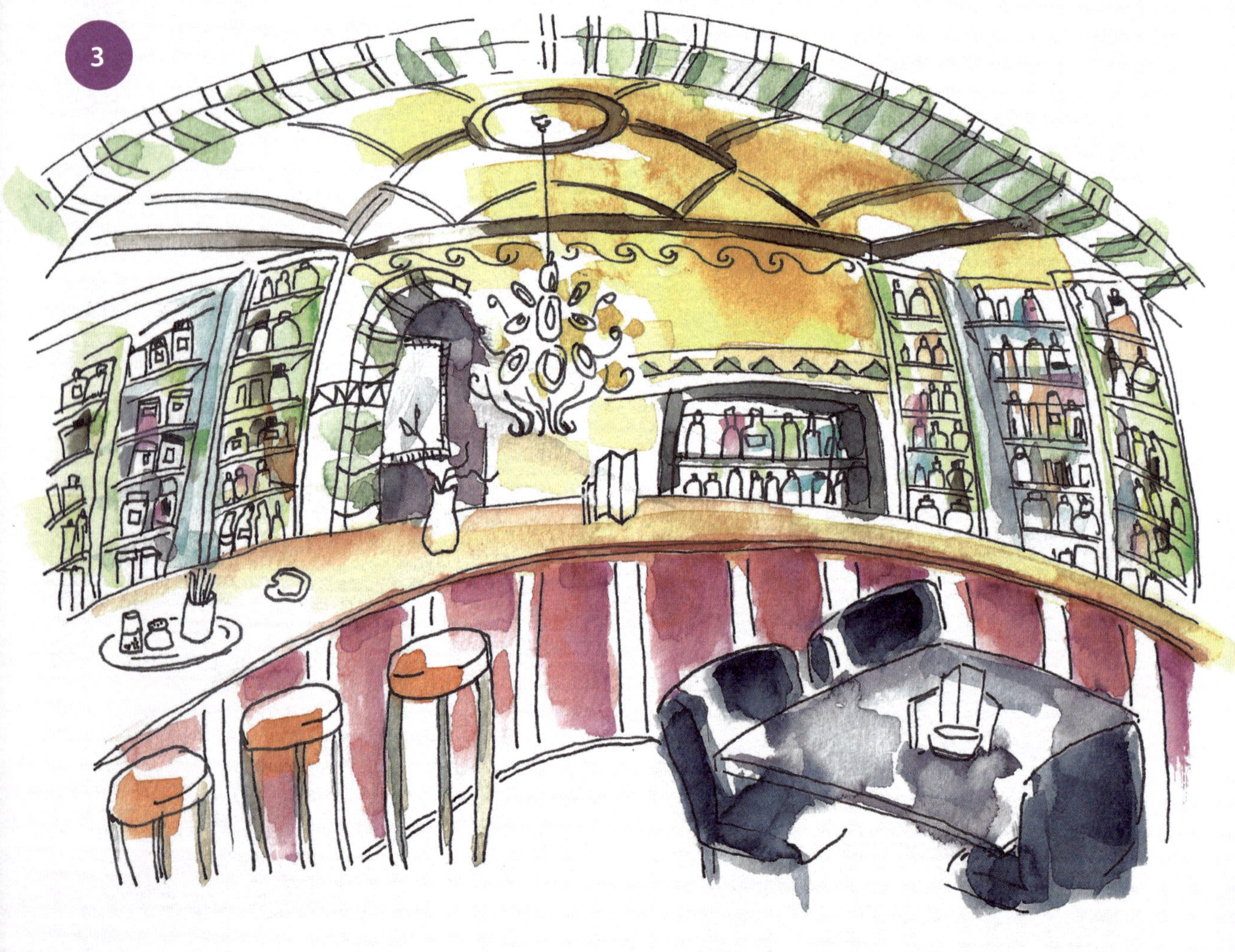

3. Der Farbschwerpunkt liegt als Gestaltungsmittel auf der rechten Seite und läuft nach links aus. Das Gelb der Decke ist eine Lavur (Nass-in-Nass-Technik), ebenso die Koloration rechts in den Regalen. An den Stühlen erkennst du besonders gut die Lasuren des Indigoblau, die die Form der Polster modellieren.

4. Um das Mobiliar im vorderen Bereich besser zu verankern, habe ich im letzten Schritt einige Bodenfliesen mit einer hellen Lasur angedeutet. Mit dunklerer Farbe und wenigen Strichen ist ein diagonal verlaufendes, schachbrettartiges Muster zu erkennen, damit der Boden optisch Halt findet.

4

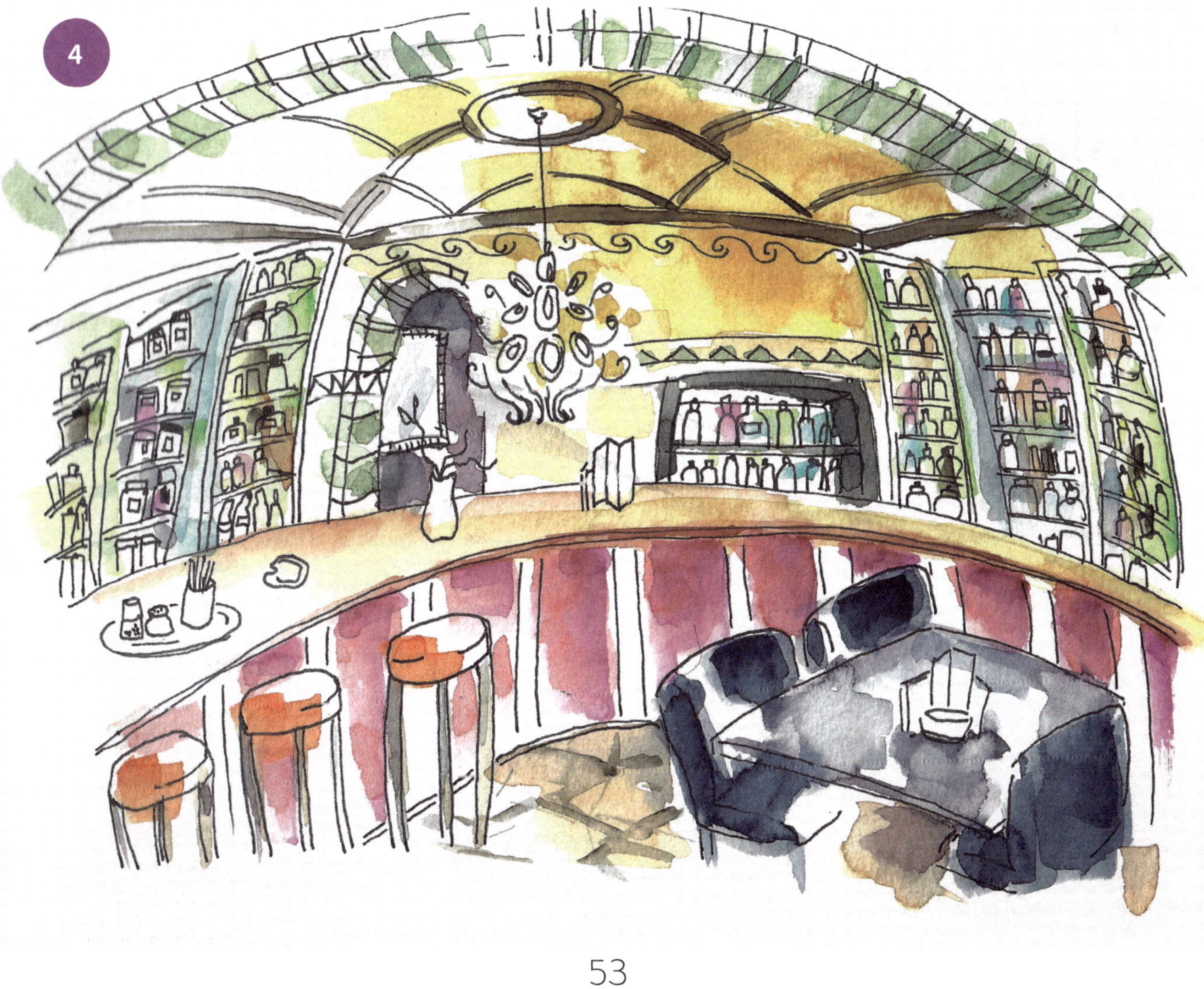

Kein Rot? Nimm Blau.

Picasso soll das gesagt haben.

Am Anfang des Buches hatte ich dir bereits eine minimalistische Ausstattung ans Herz gelegt, aber glaube mir, es geht immer noch ein bisschen weniger. Limitierung kann deine Kreativität befeuern, auch beim Zeichnen. Denn wenn wir keine Möglichkeit haben, noch auf dieses oder jenes zurückzugreifen, sind wir gefordert, uns Alternativen zu überlegen.

Ich vergleiche es mit dem Kochen. Du hast dir ein neues Rezept ausgesucht, aber beim Einkaufen eine Zutat vergessen. Sofern du nicht noch einmal zum Supermarkt gehst, wird sich der Geschmack deines geplanten Gerichtes also verändern. Aber muss das schlecht sein? Es ist ein neues Rezept, von dem du nicht weißt, wie es schmecken soll. Es gibt also keine Referenz, nach der du dich richten könntest.

Ich neige in solchen Fällen zu einer kreativen Lösung und habe zwei Vorschläge für dich: Du schaust in deinen Vorrat, was du stattdessen verwenden möchtest. Oder: Du bereitest deine Mahlzeit einfach ohne diese Zutat zu, streichst sie ersatzlos und lässt dich vom Ergebnis überraschen. Ich weiß, es gibt Menschen, die können das schlecht aushalten. Meine Familie reagiert regelmäßig gereizt, wenn ich mich nicht an die Rezeptvorgaben halte und herumexperimentiere.

Bist du bereit, beide Varianten – Ersetzen und Weglassen – beim Zeichnen auszuprobieren? Statt deines Aquarellkastens nimmst du beispielsweise nur zwei Buntstifte mit nach draußen. Und anstatt den Himmel blau zu malen, lässt du die Farbe einfach ganz weg. Kein Blau, aber auch kein Violett, Rot oder sonst irgendetwas – du lässt das Papier an der Stelle frei. Was du vielleicht niemals ausprobiert hättest, wenn dein Blau mit dabei gewesen wäre.

Hier habe ich ein typisches Düsseldorfer Büdchen gezeichnet. Dort trifft man sich auf ein Alt (das Düsseldorfer Bier) und steht ein bisschen rum und quatscht. Wie du siehst, besteht meine Zeichnung aus nur zwei Farben: Grau und Rot. Denn ich hatte einfach nur einen Bleistift und einen wasservermalbaren Buntstift dabei.

Bei den Kontrasten habe ich mich auf den Vordergrund – den Kiosk samt Menschen, Fahrrädern und Mülltonne – konzentriert. Baum und Verkehrsschild sind lediglich als Silhouette angedeutet. Mit diesem kleinen Kniff geben wir Betrachtenden den Hinweis, unser Motiv befindet sich in einer städtischen Umgebung.

Das leuchtende Rot zieht das Auge Richtung Bildmitte ins Zentrum des Geschehens. Die Menschen sind angedeutet, aber ihre Körper- und insbesondere ihre Kopfhaltung verrät etwas über sie. Der Mann rechts schaut in die Ferne, während er sein Bier trinkt. Die Herren neben der Mülltonne sind in ihre Unterhaltung vertieft. Der Radfahrer kommt gerade von seiner Tour zurück und ist im Begriff, sich hinter dem Paar, das seine Bestellung aufgibt, anzustellen.

Vermisst du den Himmel in dieser Zeichnung? Ich denke, die Komposition funktioniert auch ohne. Angenommen, der Baum wäre nicht im Bild, könnte ich mir angedeutete Vögel am Himmel vorstellen oder eine zarte Wolke als Bleistiftumriss. So aber wären mir weitere Linien oder Flächen zu viel.

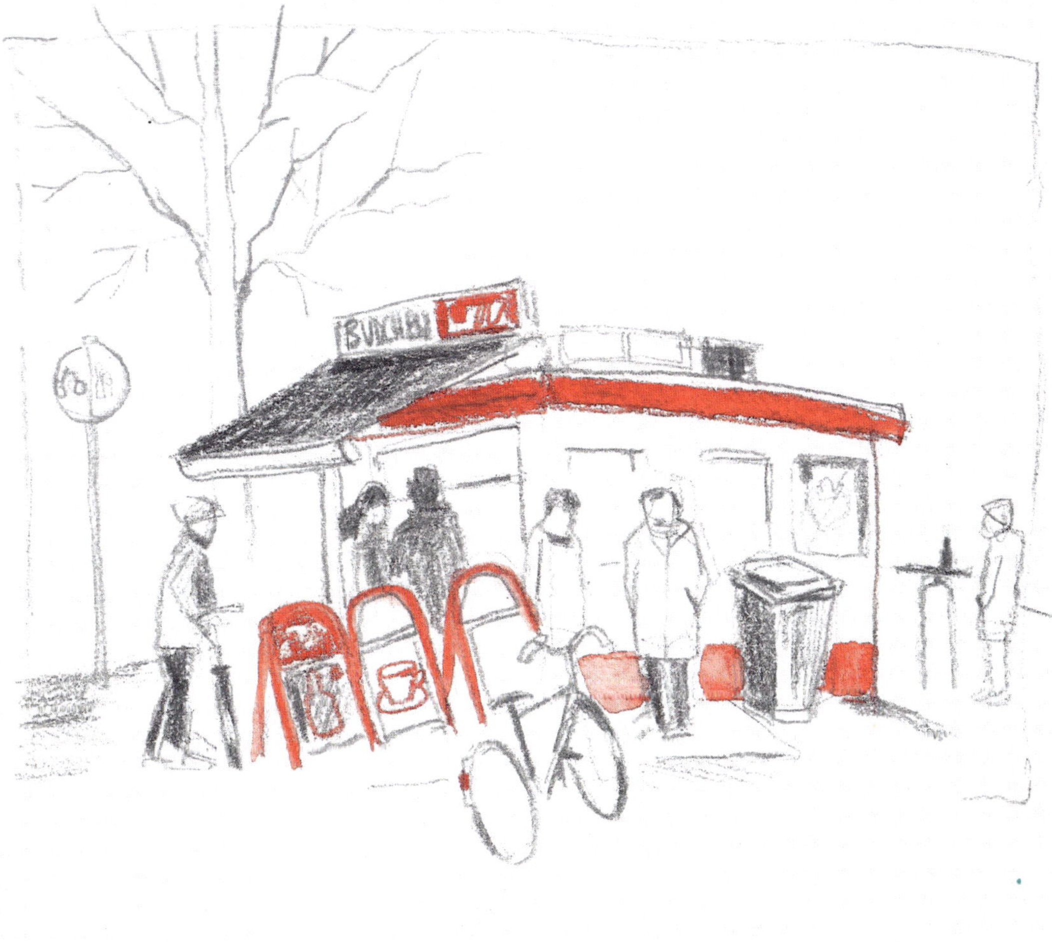

LEBEN INS SKIZZENBUCH!

Menschen und Tiere

Keine Frage, verlassene oder menschenleere Straßen und Plätze haben ihren eigenen Reiz, auch für unsere Zeichnungen. Doch Menschen interessieren sich für Menschen, auch in Zeichnungen. Die Stimmung ist eine andere, ob du eine Szenerie mit oder ohne Personen zeigst. Und wenn schon nicht Menschen – ein kleiner Vogel hat bereits eine große Wirkung (siehe rechts). Deshalb möchte ich dir ein paar Tipps an die Hand geben, wie du mit etwas Übung und wenigen Strichen Lebendigkeit in deine Zeichnungen bringen kannst.

Menschen und Tiere haben allerdings eine Eigenschaft, die vor allem Neulinge schnell ins Trudeln bringt: Sie bewegen sich auch mal. Und vor allem dann, wenn wir noch nicht fertig sind mit der Skizze!

Deshalb empfehle ich dir, dich vorher mit verschiedenen Körperhaltungen und -proportionen vertraut zu machen und mit einigen Trockenübungen zu beginnen. Schau dir an, wie Menschen aussehen, die gehen, stehen oder sitzen. Beobachte ihre Körperhaltungen. Dasselbe gilt für Tiere. Du kannst auch nach Fotos zeichnen, sie sogar durchpausen, um ein Gefühl für die menschlichen Proportionen zu bekommen.

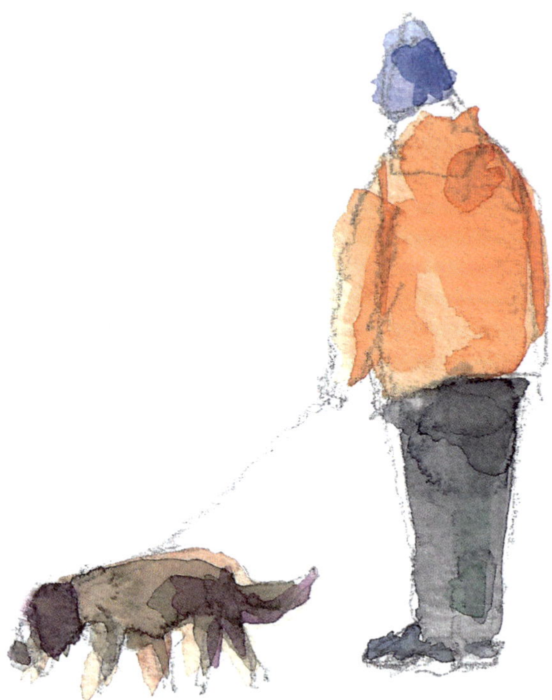

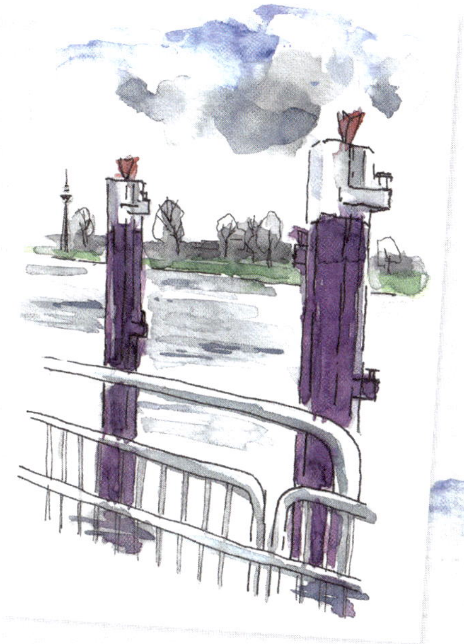

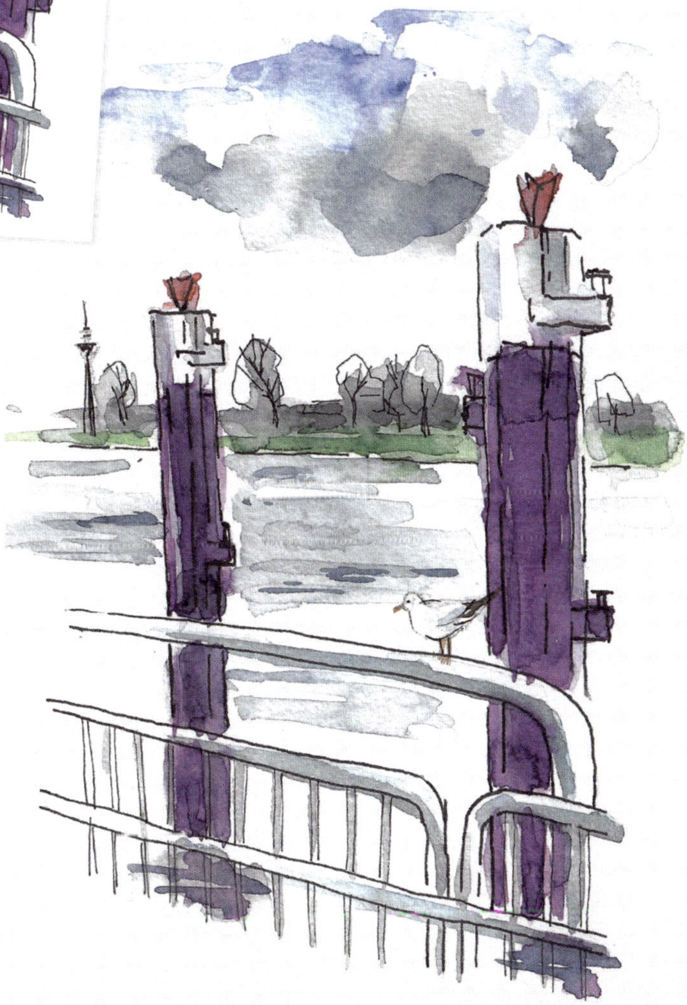

Nach dem Beobachten versuche im zweiten Schritt, sie zu skizzieren, vielleicht zunächst am Küchentisch zu Hause. Damit wirst du dich draußen sicherer fühlen und kannst ruckzuck eine Zeichnung vervollständigen, wenn dein Modell schon über alle Berge ist.

1. Um menschliche Körper zu visualisieren, genügen für den Anfang bereits einfache Formen wie Kreise, Rechtecke und Dreiecke. Guck mal, ungefähr so:

1

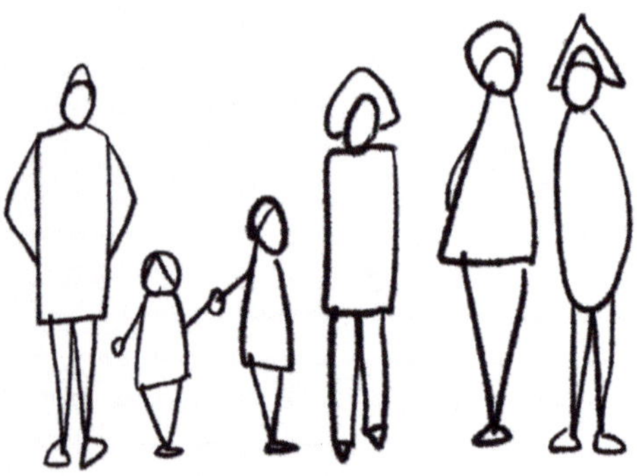

2

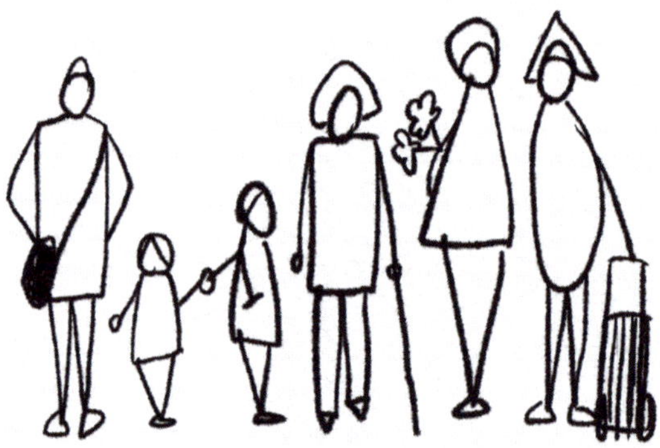

2. Aus diesen Grundformen lassen sich verschiedene Personen gestalten. Eine zieht vielleicht einen Rollkoffer, eine andere hat eine Umhängetasche oder einen Blumenstrauß hinterm Rücken versteckt. Denk dir etwas aus, es ist ganz leicht.

3. Eine andere Variante, die du ausprobieren kannst, sind diese Strichfiguren, die fast ausschließlich aus einer stark vereinfachten Silhouette bestehen.

TIPP

Achtung Kopf! Fast alle, die das noch nie geübt haben, zeichnen ihn zu groß. Der Mensch ist kein Lolli. Ganz im Gegenteil. Der Kopf passt von seiner Länge her etwa sieben bis acht Mal (bei extrem großen, schlanken Menschen) in die gesamte Körperlänge. Denke deshalb vielleicht eher beim Zeichnen an eine Stecknadel mit ihrem winzigen Kopf.

3

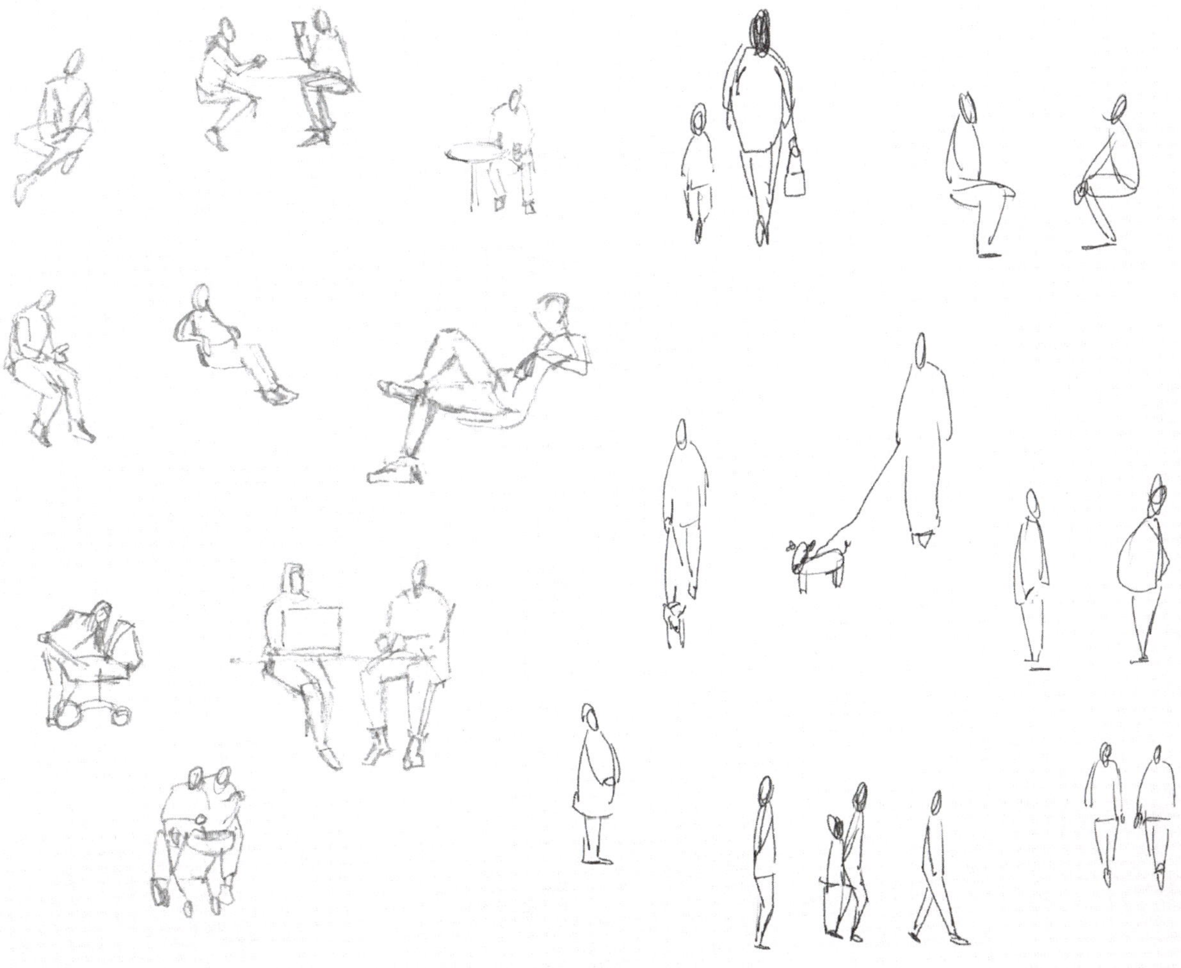

Hier ist eine weitere Hilfe, mit der es dir gelingt, harmonische Skizzen von Menschen anzufertigen. Die Zeichnung zeigt dir drei Figuren mit einer Unterteilung in zwei Hälften. (Unsere Körpermitte befindet sich etwa im Schritt.) Die obere Hälfte lässt sich wiederum in drei Drittel teilen, wobei uns davon nur das oberste interessiert. Dieses macht die Länge von Kopf plus Hals aus.

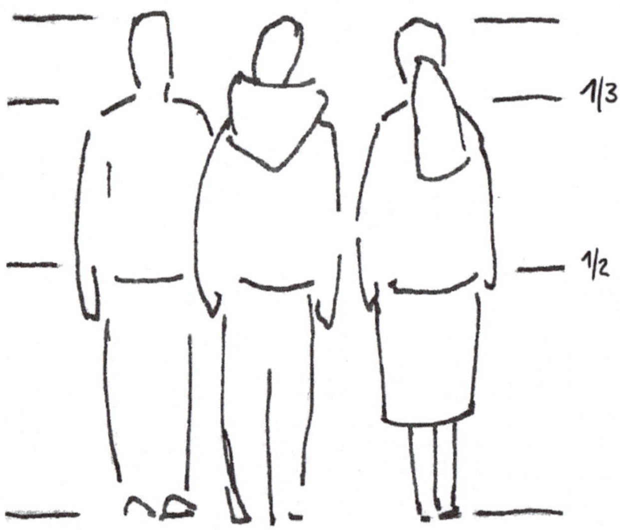

Natürlich ist das eine sehr schematische Herangehensweise. Wir alle kennen Menschen, die untersetzt sind, ellenlange Beine, einen kurzen oder einen besonders langen Hals haben usw. Aber als Richtschnur für unsere Zeichnungen, insbesondere die aus dem Kopf, ist das ein hilfreicher Gedanke.

TIPP

Ob Mensch oder Tier, lege dir ein paar »Kürzel« zu. Ich meine damit schnelle Skizzen, die du auswendig beherrschst, um selbst da, wo gerade niemand ist, deine Zeichnung zu verstärken. Vielleicht probierst du auch verschiedene Stile aus?

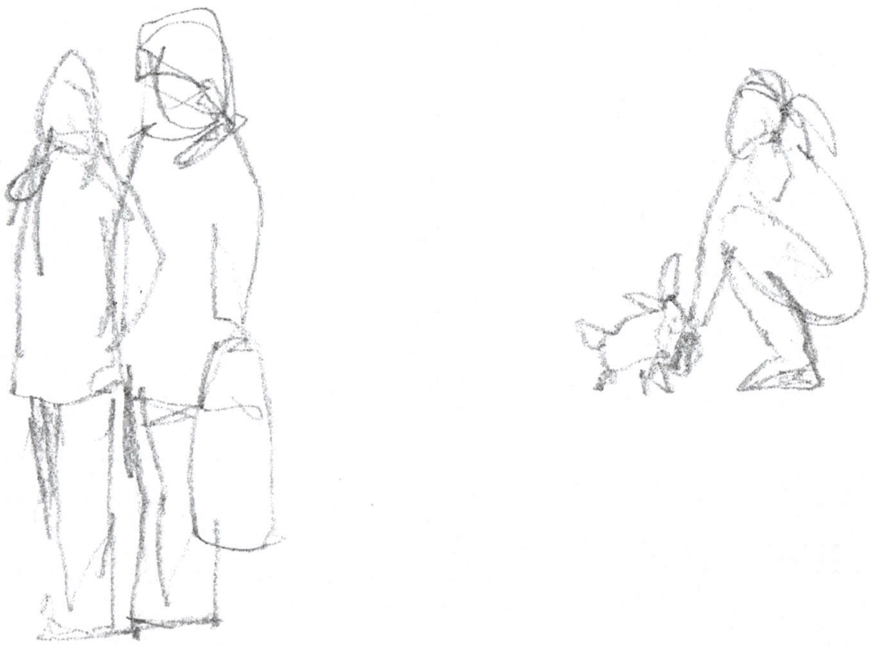

Großen Spaß macht es, sich an die Motive »heranzukritzeln«. Ich lasse den Stift bei dieser Methode konsequent auf dem Papier und versuche gleichzeitig, die Person (oder das Tier) in kreisenden Bewegungen einzufangen. So vermeide ich, dass meine Figuren wie Holzpuppen durchs Bild staksen. An Lebewesen gibt es nun mal keine geraden Linien! Am leichtesten fällt es meistens, stehende Menschen zu skizzieren. Deshalb beginne am besten mit ihnen. Dazu zeichne ich immer zuerst den Kopf und im Anschluss den Körper.

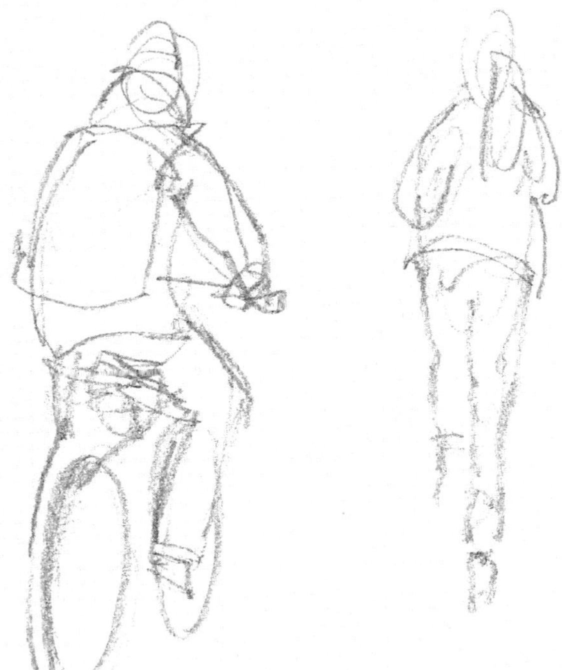

Kritzeln funktioniert auch mit Tieren. Die Variationsbreite ist in der Stadt nicht allzu groß, daher ist ein kleines Repertoire an Hunden, Katzen und Vögeln sicherlich machbar. Bei den Hunden und Katzen hat es mir riesigen Spaß gemacht, sie etwas skurril darzustellen, während die Enten so harmonisch und rund im Gras hockten.

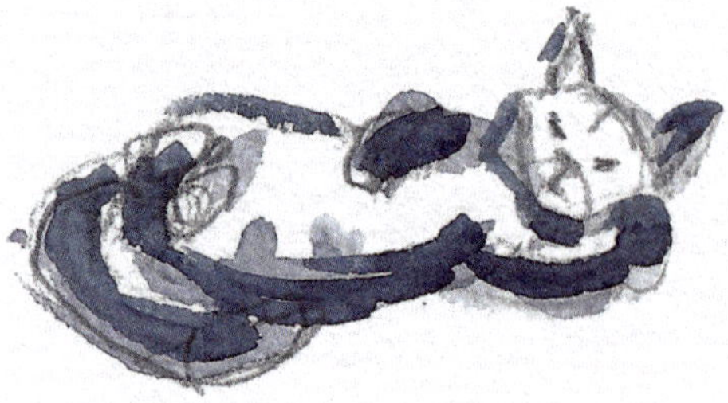

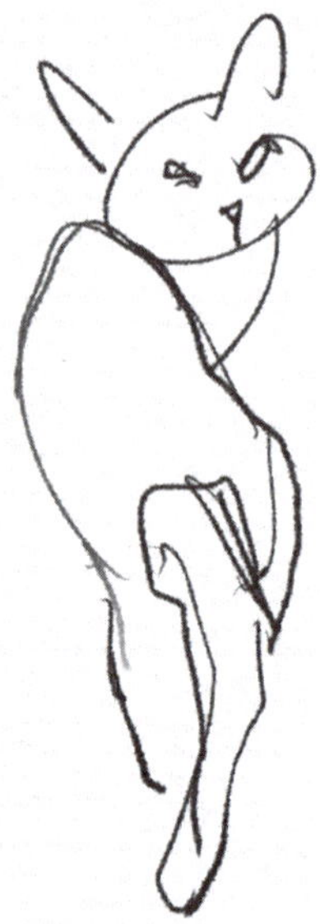

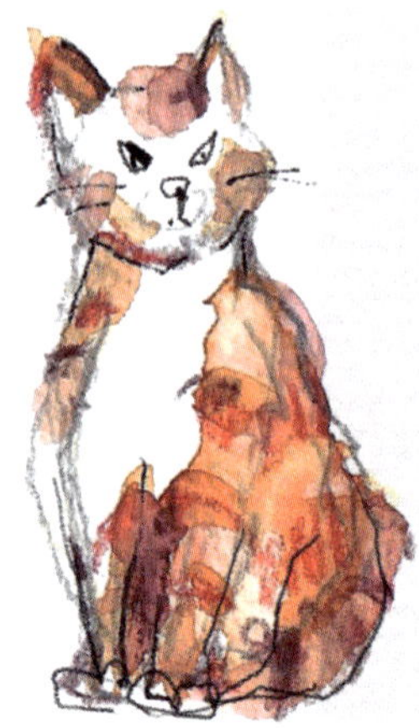

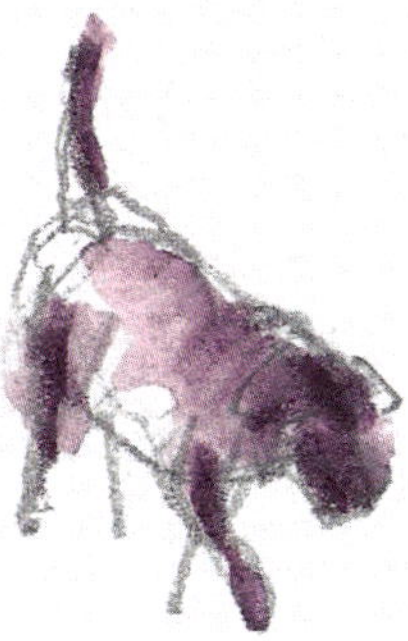
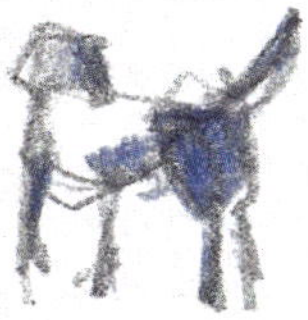
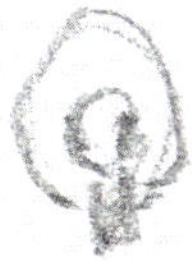
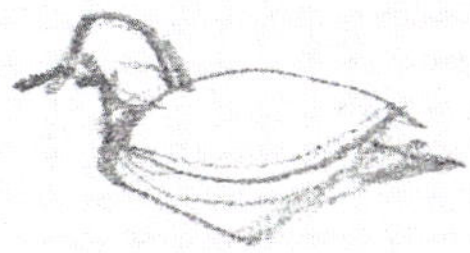
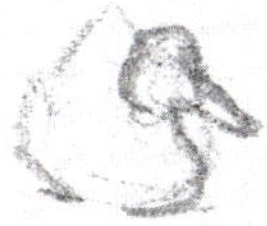
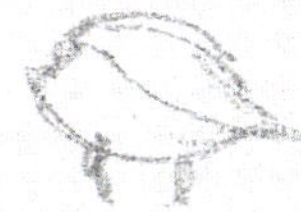
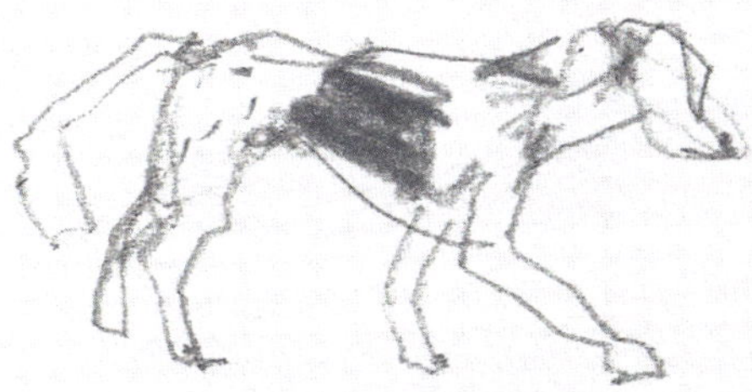
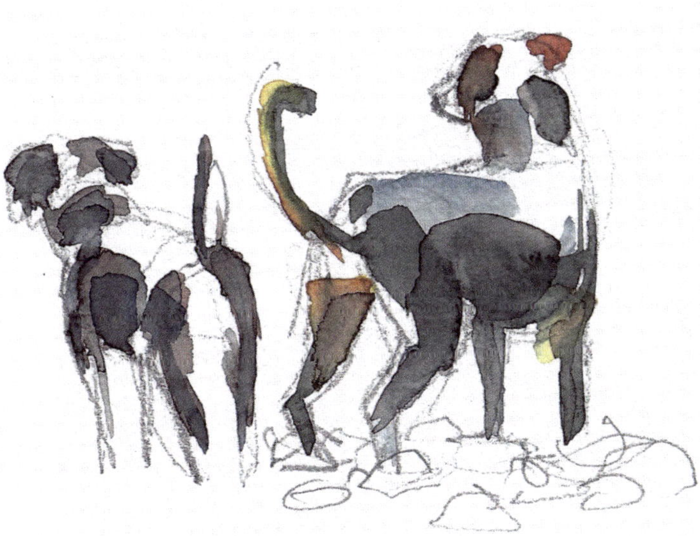
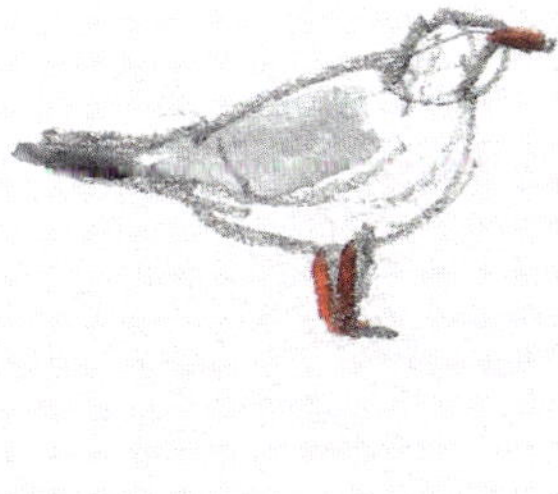
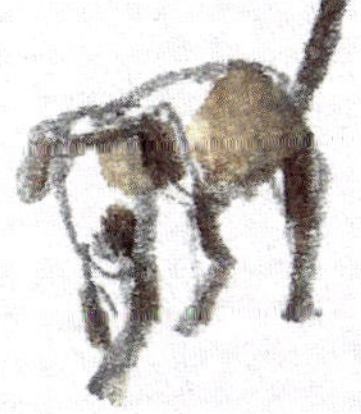
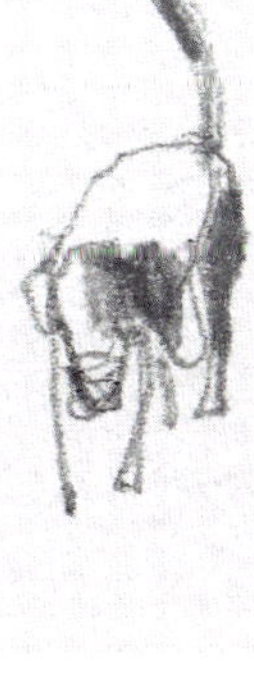

Bei diesen bunten Frauen habe ich mit der Außenkontur begonnen, wodurch sich ihre Proportionen auf interessante Art verschoben haben. Einige habe ich koloriert, andere nicht. Die Gesichter sind komplett ausgespart. Da sie sehr auffällig gekleidet sind, könnten sie Zuschauerinnen bei einer Modenschau sein.

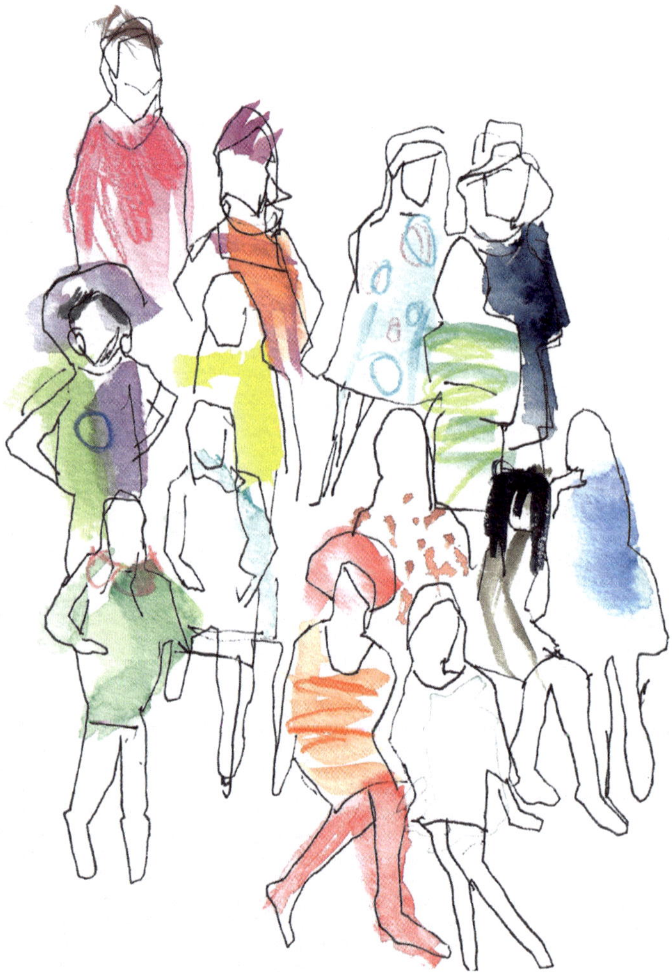

Kommen wir zu Menschen in Bewegung und was dabei zu beachten ist. Ein Merkmal beim Gehen ist, dass unsere Arme dabei leicht mitschwingen, und zwar entgegengesetzt zur Bewegung unserer Beine. Somit lassen sich Menschen in Bewegung einfach durch ein zurückgenommenes Bein visualisieren, das auf unserer Zeichnung im Gegensatz zum vorderen verkürzt ist. Gleiches gilt für den nach hinten schwingenden Arm auf der gegenüberliegenden Seite.

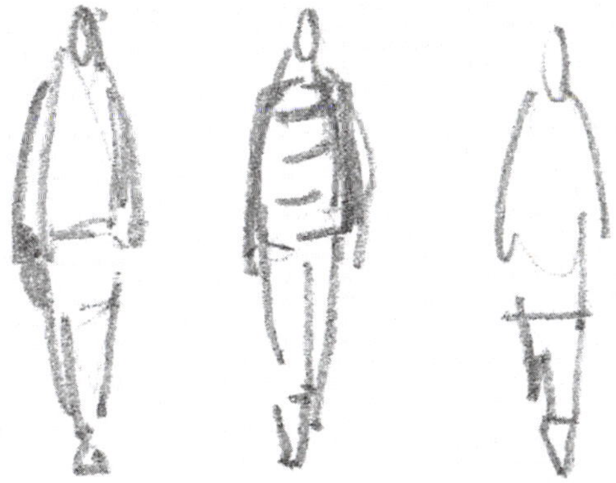

Mit der Zeit bekommst du ein Gefühl für die entsprechenden Körperhaltungen. Es wird dir zunehmend leichter fallen, sie mit einigen Linien einzufangen und kann deinen Zeichnungen mehr Würze geben. (Ich wende das gern in Zeichnungen an, die mir noch ein wenig nichtssagend vorkommen. Ein Hund, ein Mensch oder ein Käfer können ausreichen – und schon wendet sich das Blatt!)

Seit ich den Bogen raus habe, sind bei Menschen in Bewegung die radfahrenden mein Lieblingsmotiv. Ja, wirklich! Besonders, wenn die Personen auf uns zu oder von uns wegfahren. Denn was können wir beobachten? Wir sehen einen Reifen, der einem Strich gleicht. Darauf setzen wir den Lenker wie eine Gabel mit zwei Zacken. Von dem Menschen auf dem Fahrrad sind über dem Lenker Kopf, Oberkörper und Hände zu sehen. Die Beine sind durch das Treten der Pedale unterschiedlich lang, aber ebenso einfach wie alles andere mit jeweils einem Strich darzustellen.

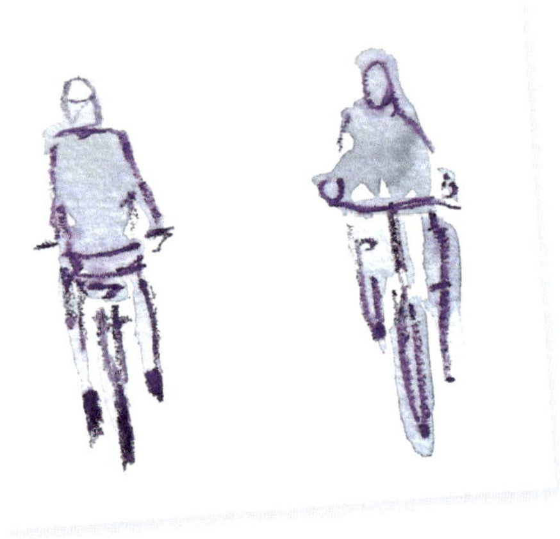

TIPP

Um mir die Position oder Bewegung einer Figur zu verdeutlichen, hilft mir die Konzentration auf eine imaginäre Kontur, die sich durch die entsprechende Bewegung ergibt. Ich habe dir das hier anhand einer eingezeichneten roten Linie verdeutlicht.

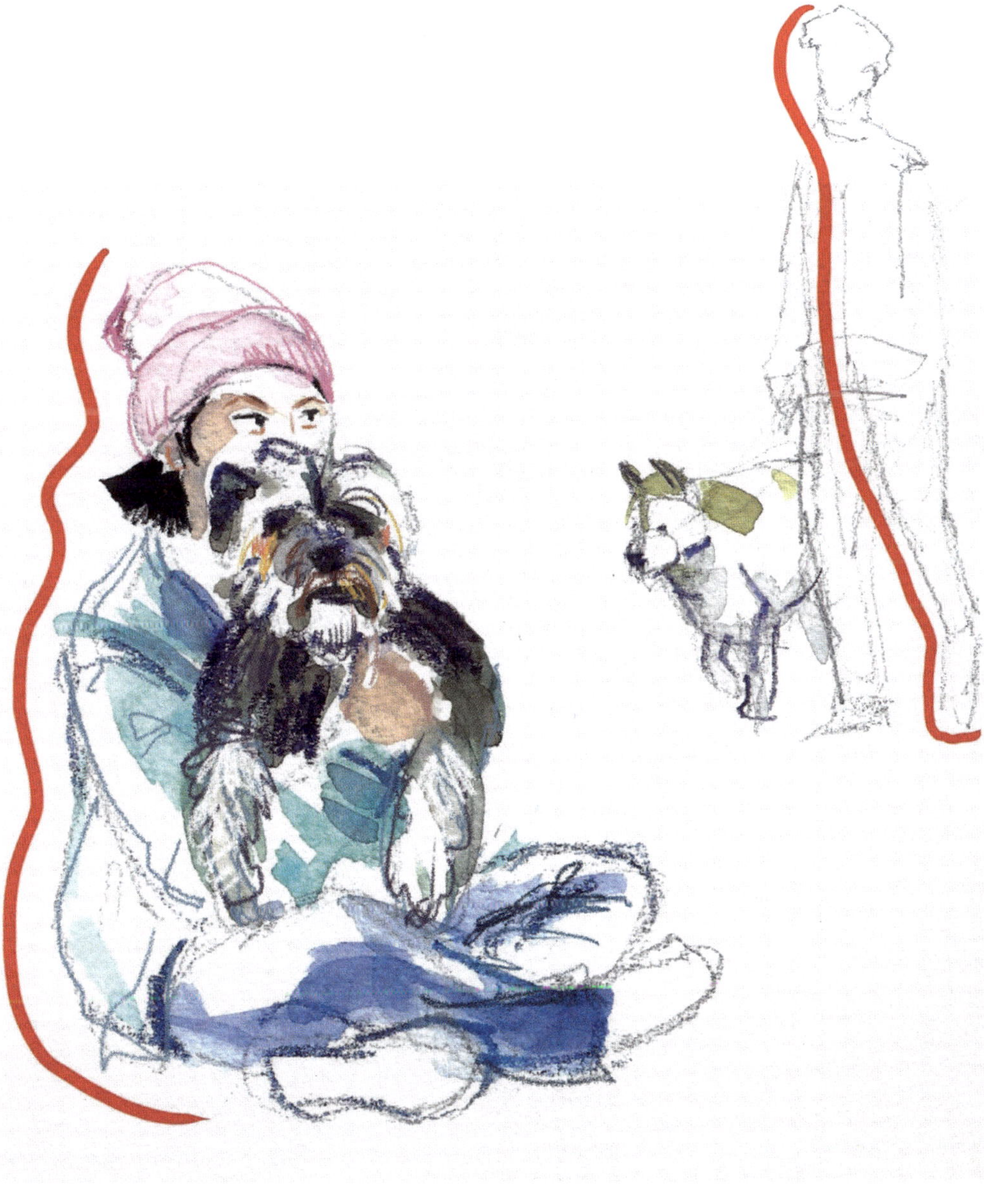

Hier habe ich weitere Menschen in Alltagssituationen gesammelt – beim Joggen, beim Hund ausführen, Spazierengehen ... Dafür kannst du es dir auf einer Bank in belebter Umgebung bequem machen. Versuche, deine Linien sparsam zu setzen und nicht zu sehr ins Detail zu verfallen.

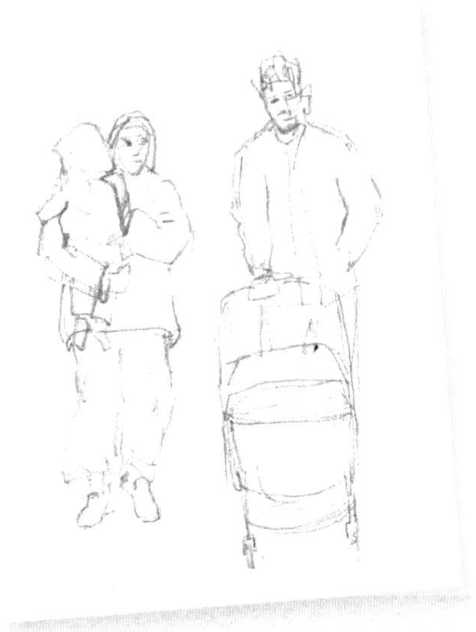

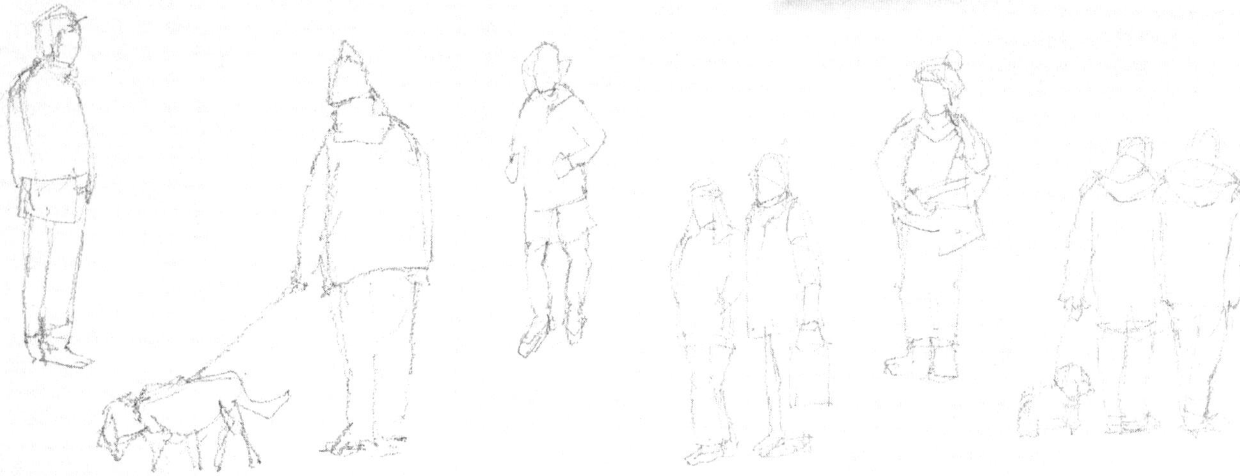

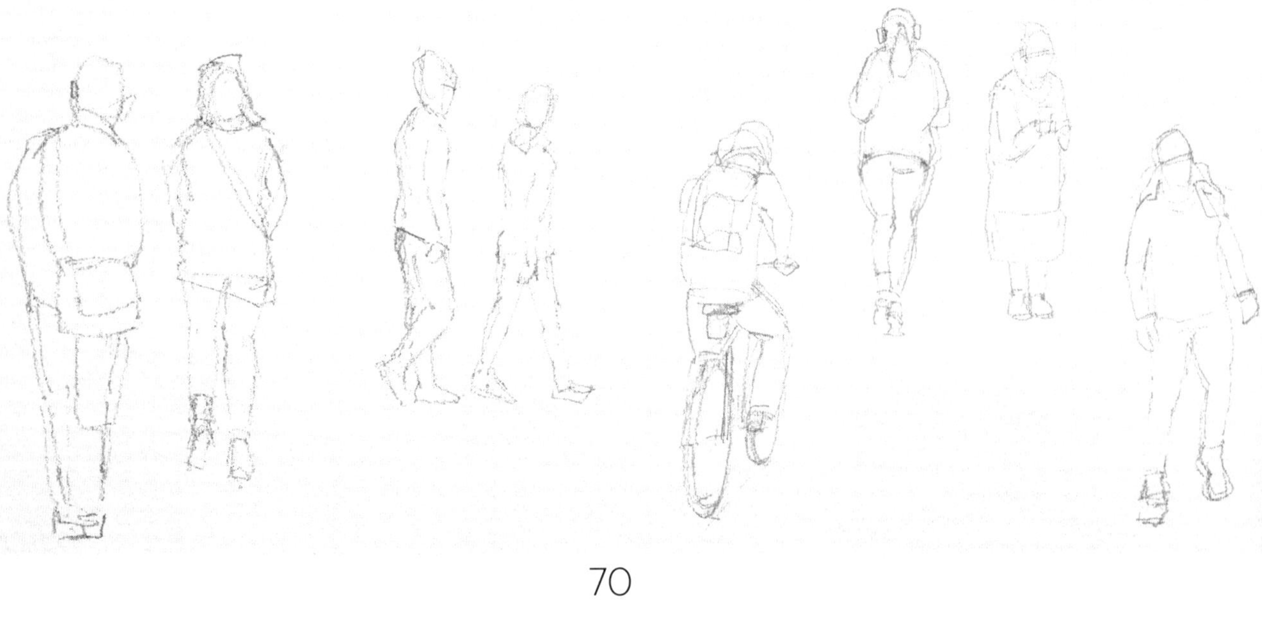

Akzente kannst du später mit Farben setzen, so wie ich das hier bei einigen getan habe. Wichtig für die Form ist hierbei wieder das Lasieren sowie das Aussparen der hellsten Stellen.

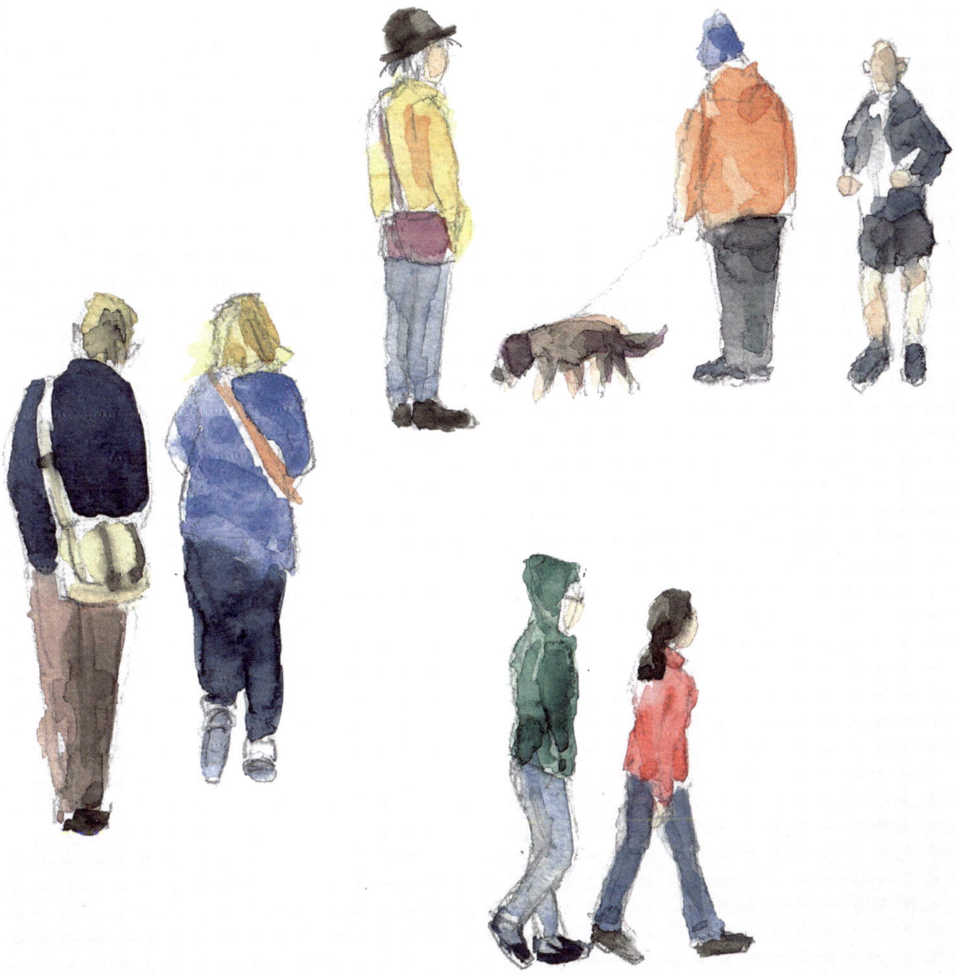

1. Kommen wir noch einmal zurück zu den Tieren. Enten im Gras sind ein dankbares Motiv, da sie oft lange stillhalten. Ich beginne mit einem Oval für den Körper und setze dann Hals und Kopf an.

2. Sparsame Lasuren auf der lichtabgewandten Seite sowie ein paar Zeichnungen auf dem Gefieder folgen.

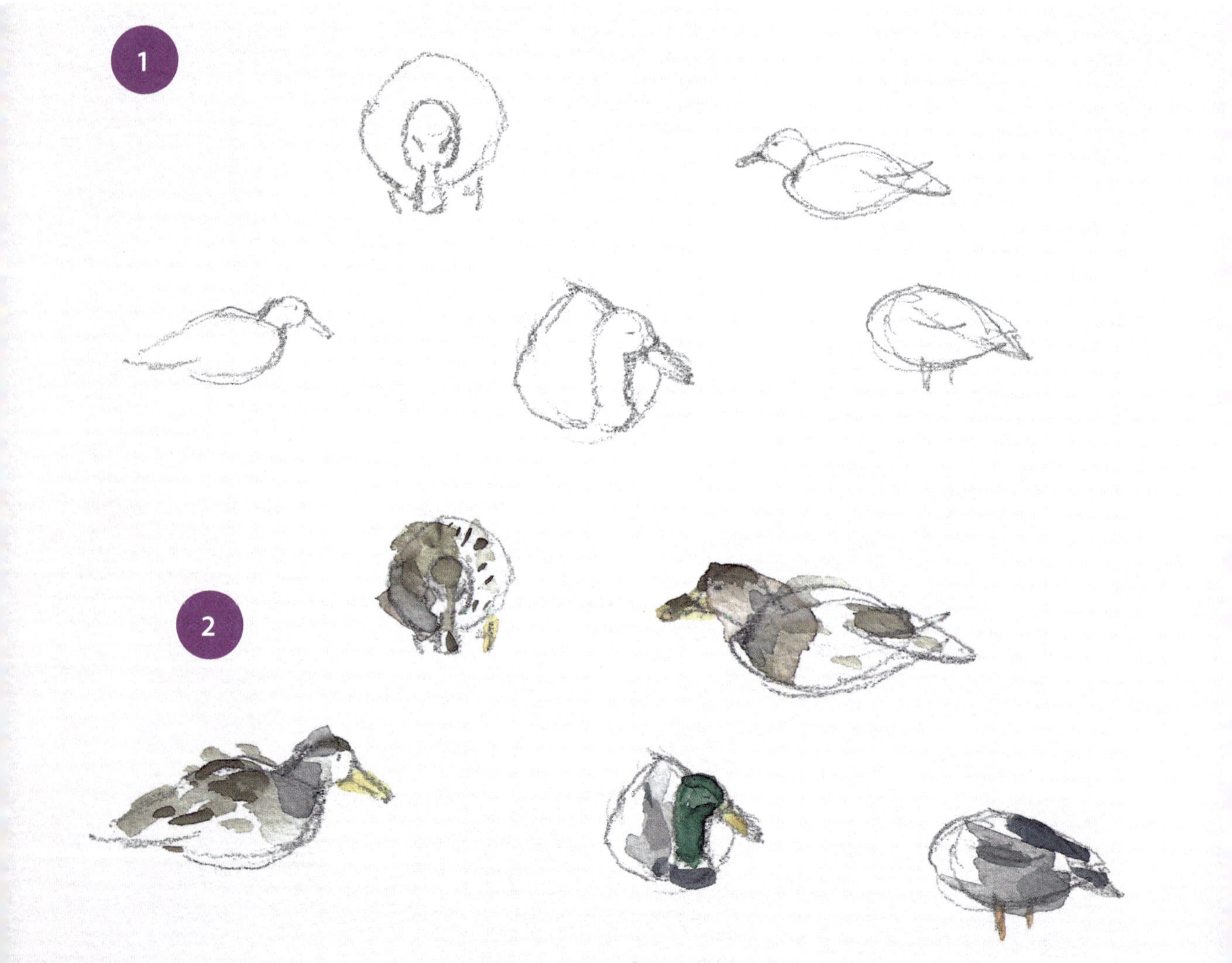

3. Ergänzt habe ich die Zeichnungen durch einige Striche mit Fineliner, wobei ich mich wieder an der Schattenseite orientiert habe. Abschließend kamen ein paar grüne Flächen mit Aquarellfarbe hinzu, auf die ich nach dem Trocknen mit Buntstift Striche gesetzt habe.

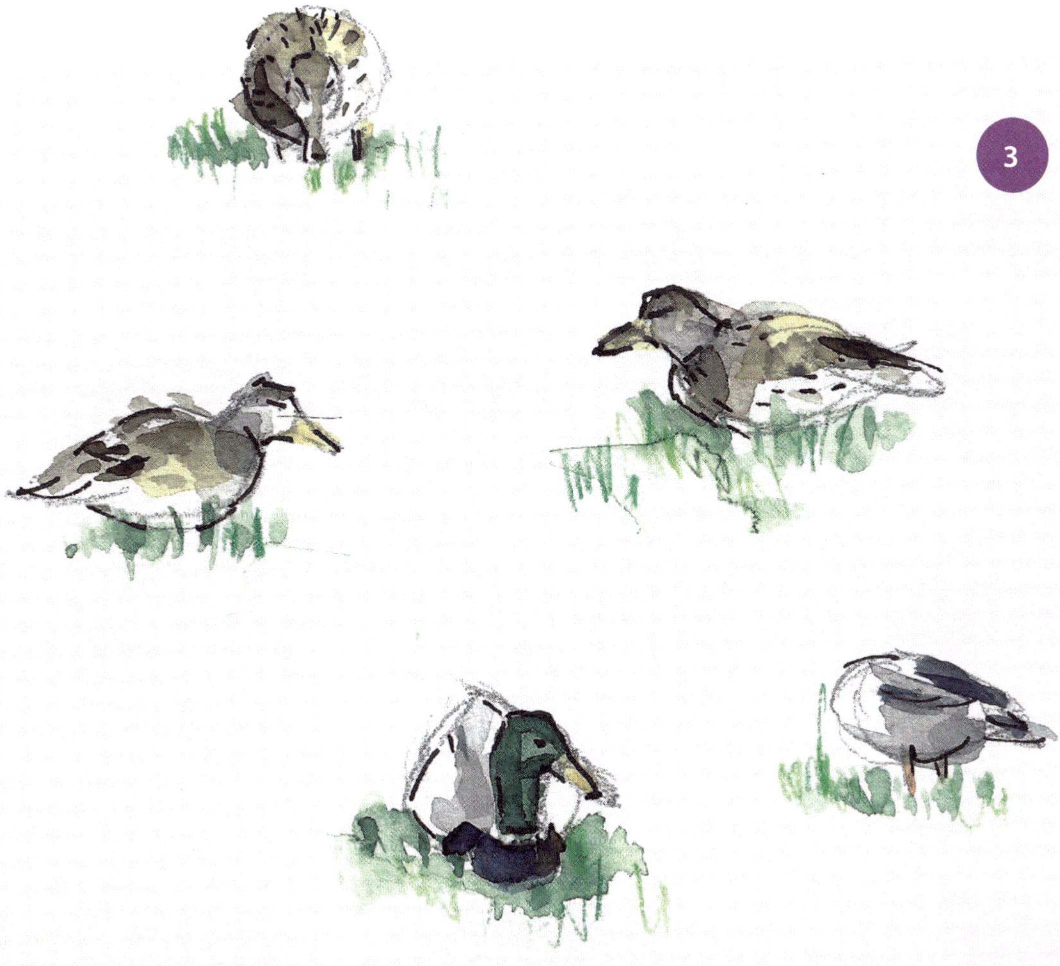

3

1. Wir haben hier bis jetzt mit Linien gearbeitet, aber das Zeichnen von Menschen funktioniert auch flächig. Vielleicht probierst du es einfach mal aus, denn damit werden deine Menschen »organisch rund« und wirken wie von selbst natürlich. Du verwendest eine wässerige Lösung einer Farbe deiner Wahl und tastest dich mit dem Pinsel an die Formen heran. Je verdünnter die Farbe ist, umso besser lässt sie sich gegebenenfalls noch korrigieren durch Anlösen und Wegtupfen.

2. Je nach Bildkomposition kann dies schon ausreichen, um deine Zeichnung zu beleben. Für mehr Ausdruck kannst du aber auch im zweiten Schritt Linien ergänzen und so deine Modelle noch besser formen. Zum Beispiel fand ich die Beine der Frau rechts etwas zu wuchtig, was ich mit dem Stift korrigiert habe.

1

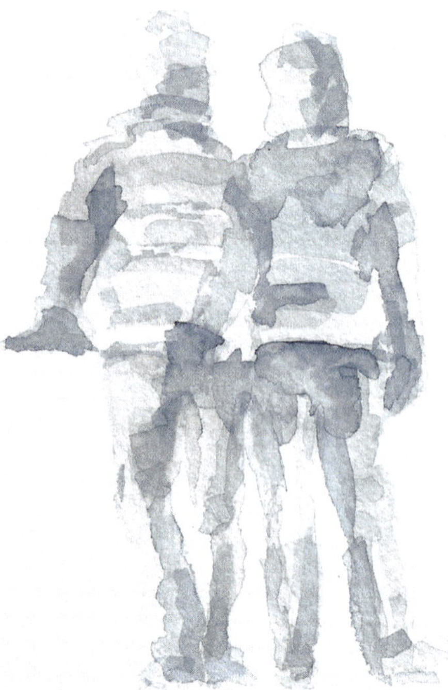

2

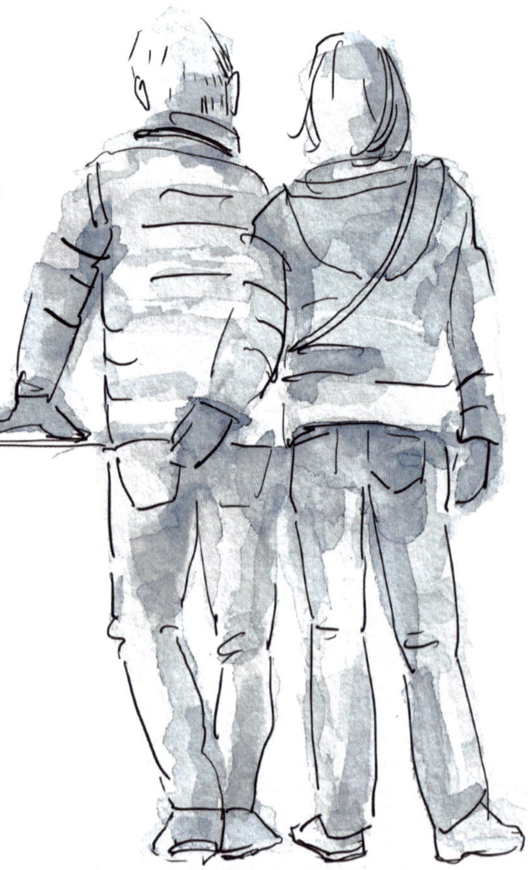

Mit der Fläche zu beginnen, funktioniert besonders gut bei sich bewegenden Menschen.

Zum Beispiel diese beiden gehenden Frauen unten links. Siehst du, wie sie ins Gespräch vertieft sind? Sie kommen auch gut ohne zusätzliche Linien aus.

Unten rechts habe ich eine ganze Gruppe erst flächig mehrfarbig angelegt und anschließend mit ein paar Buntstiftstrichen verfeinert. Durch das Setzen von Hauttönen und farbiger Kleidung ist der Eindruck noch lebendiger.

Wie viel Mensch oder Tier darf es denn im Sinne von detaillierter Wiedergabe sein? Ich würde sagen, es kommt drauf an. Zum Beispiel auf deine Bildkomposition. Ist sie eher locker und skizzenhaft, könnte eine exakt ausgearbeitete Studie merkwürdig wirken, oder? Genauso umgekehrt: Du hast eine Szene voller Einzelheiten gezeichnet, in der nun schemenhafte Wesen herumgeistern.

Doch alles ist relativ. Frage dich am besten: Worauf lege ich meinen Schwerpunkt? Indem wir etwas detailgetreu zeigen oder eben nicht, gewichten wir auch unterschiedlich. Und das womöglich völlig absichtlich. Schau dir beispielsweise meine Zeichnung der New Yorker Fähre (S. 81) an, auf der die Menschen um den Fotografen herum nur angedeutet sind.

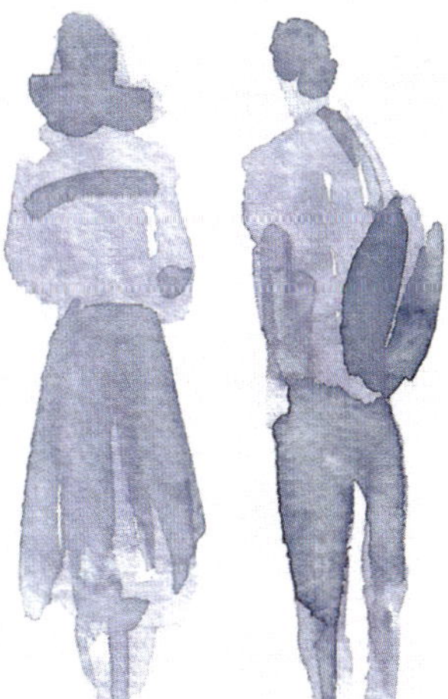

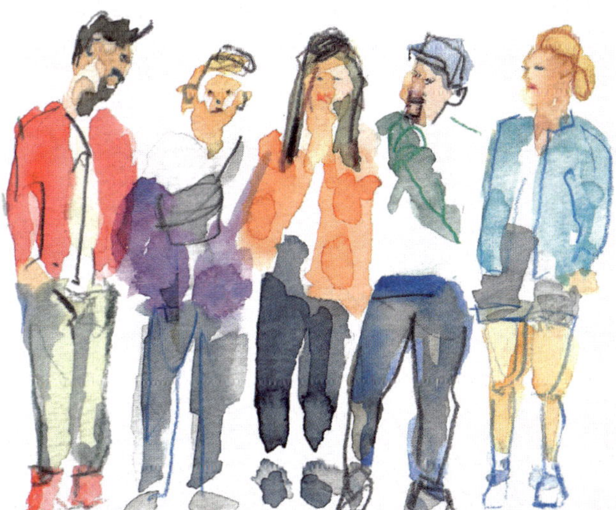

Gestalte eine Szene

Manche Situationen wollen wir einfach unbedingt mit dem Stift festhalten: Wie sich Verkäuferin und Kunde am Marktstand unterhalten, einen Vater, der seinem Kind die Butterstulle auspackt, oder Menschen, die in einem Café sitzen.

Du merkst schon, hier spielt nicht nur der Ort eine Rolle, sondern auch die Menschen, die sich dort aufhalten. Aber Personen aus der Nähe zeichnen …? Und wenn die das auch noch merken?

Frag dich doch einfach, wie das für dich wäre. Du sitzt in einem Restaurant, und am Nebentisch hat jemand das Skizzenbuch aufgeschlagen und zeichnet offensichtlich dich. Fühlst du dich beobachtet und würdest vorher gern gefragt werden? Machst du dir Sorgen, dein Porträt könnte in den sozialen Medien auftauchen? Oder bist du neugierig und würdest gern mal gucken?

Also, eins sollte klar sein: Alles, was mit Ähnlichkeit zu tun hat, veröffentlichen wir ungefragt nirgends und wahren die Persönlichkeitsrechte. Ansonsten finde ich das Zeichnen von Personen ok, solange wir sie nicht in eine unangenehme Situation bringen oder aufdringlich wirken. Nett fragen kann da schon helfen.

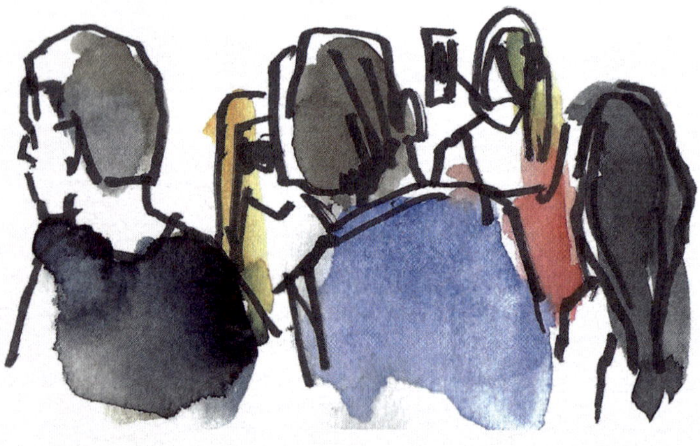

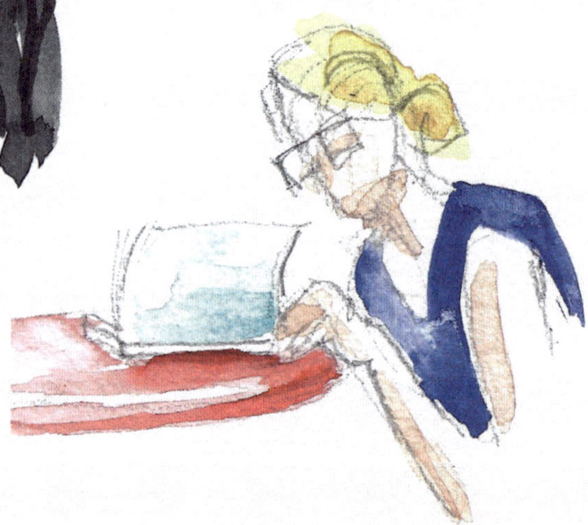

Im Übrigen gibt es die guten alten Tricks, sich unsichtbar zu machen. Du kannst eine Sonnenbrille tragen, dich verdeckt in eine Ecke setzen und vor allen Dingen: das beiläufige Gucken trainieren. Dein Blick schweift beim Skizzieren also immer mal so hierhin und dahin …

Zum Glück für uns Zeichnende sind die meisten Menschen mit ihren Smartphones beschäftigt und bekommen wenig von ihrer Umwelt mit. Dieser Mann zum Beispiel. Ich habe ihn mit wenigen Bleistiftstrichen skizziert und anschließend sparsam koloriert.

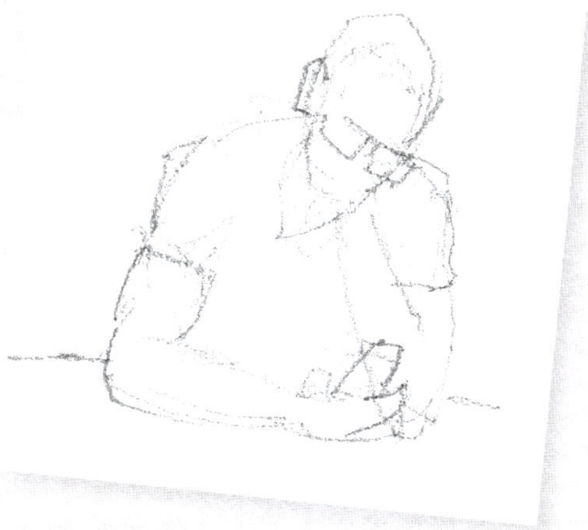

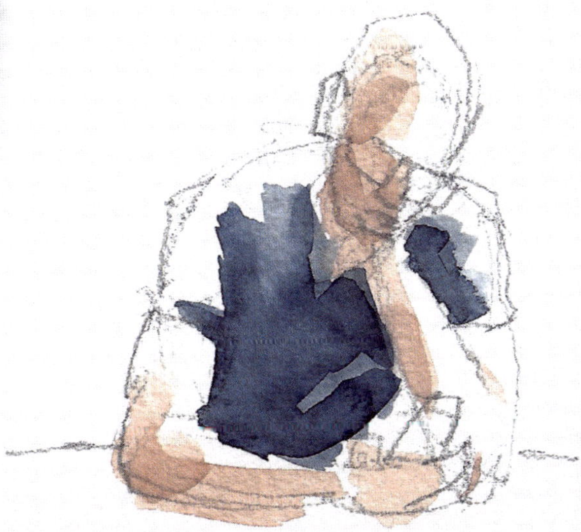

TIPP

Für einen natürlich aussehenden hellen Hautton verwende ich Rot und Gelb (zum Beispiel Lasurdunkelrot und Chinacridongoldton) und vermische die beiden Töne mit viel Wasser. Nicht erschrecken, wenn das zu rötlich erscheint. Auf dem Papier wirkt es anders. Ansonsten ergänze mit mehr Rot oder Gelb, je nachdem.

Das Paar mit dem Kinderwagen, die Joggerin und den Radfahrer kennst du bereits von meinen Skizzen auf S. 70. Hier habe ich sie noch einmal farbig ausgearbeitet.

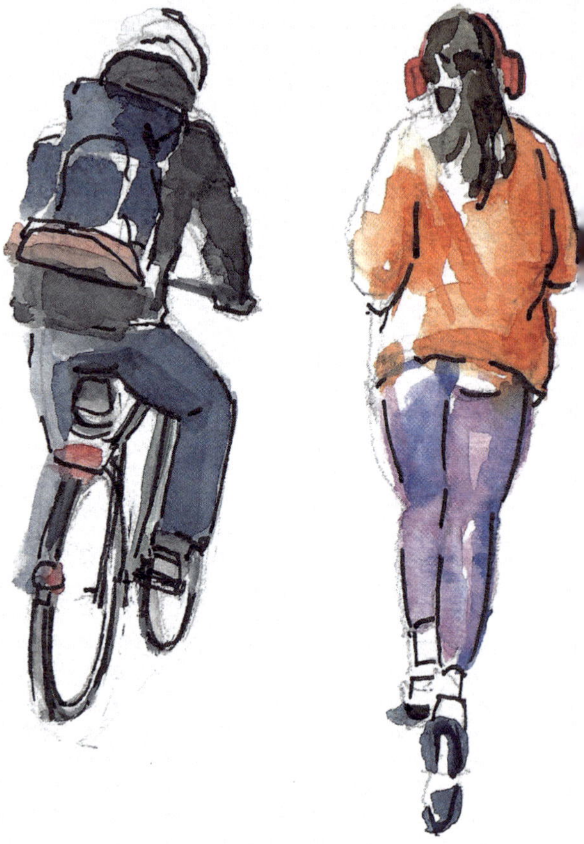

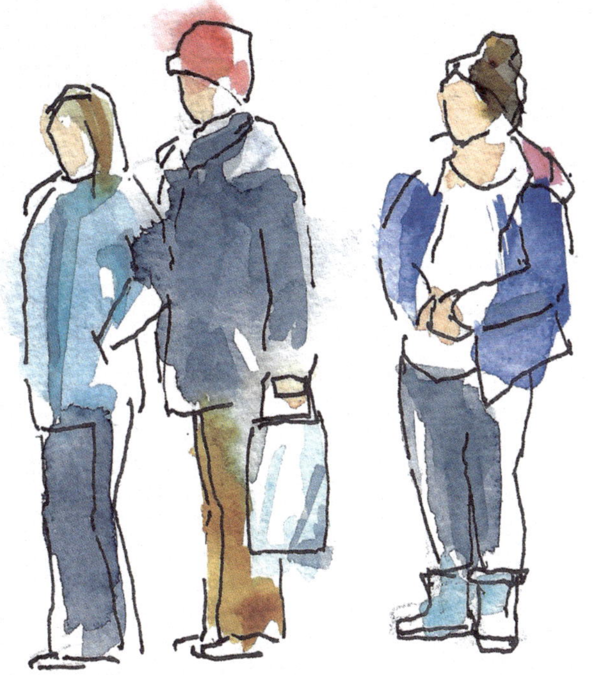

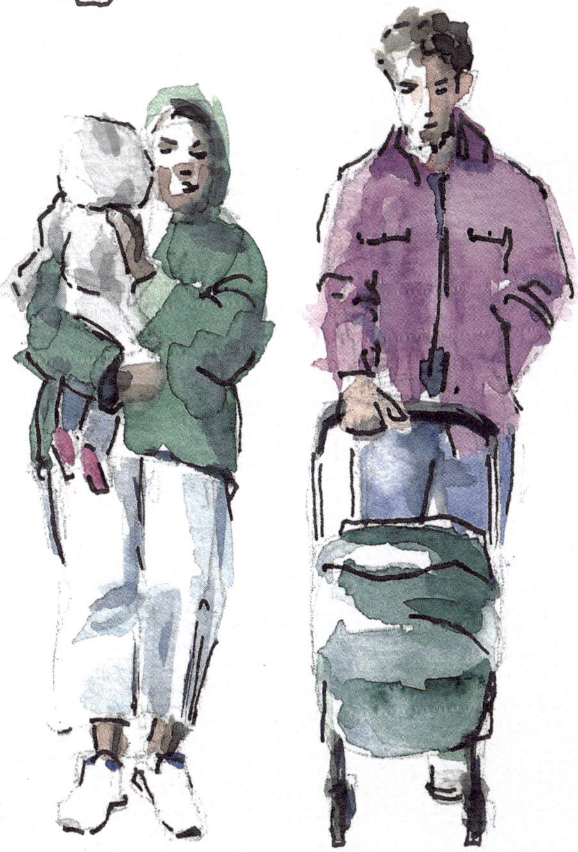

In New York sind mir diese beiden ins Gespräch vertieften Polizisten aufgefallen. Ich habe ein Foto gemacht und es später in eine Zeichnung umgesetzt. Ich denke, sie vor Ort zu zeichnen, hätte für mich ganz schön unangenehm werden können.

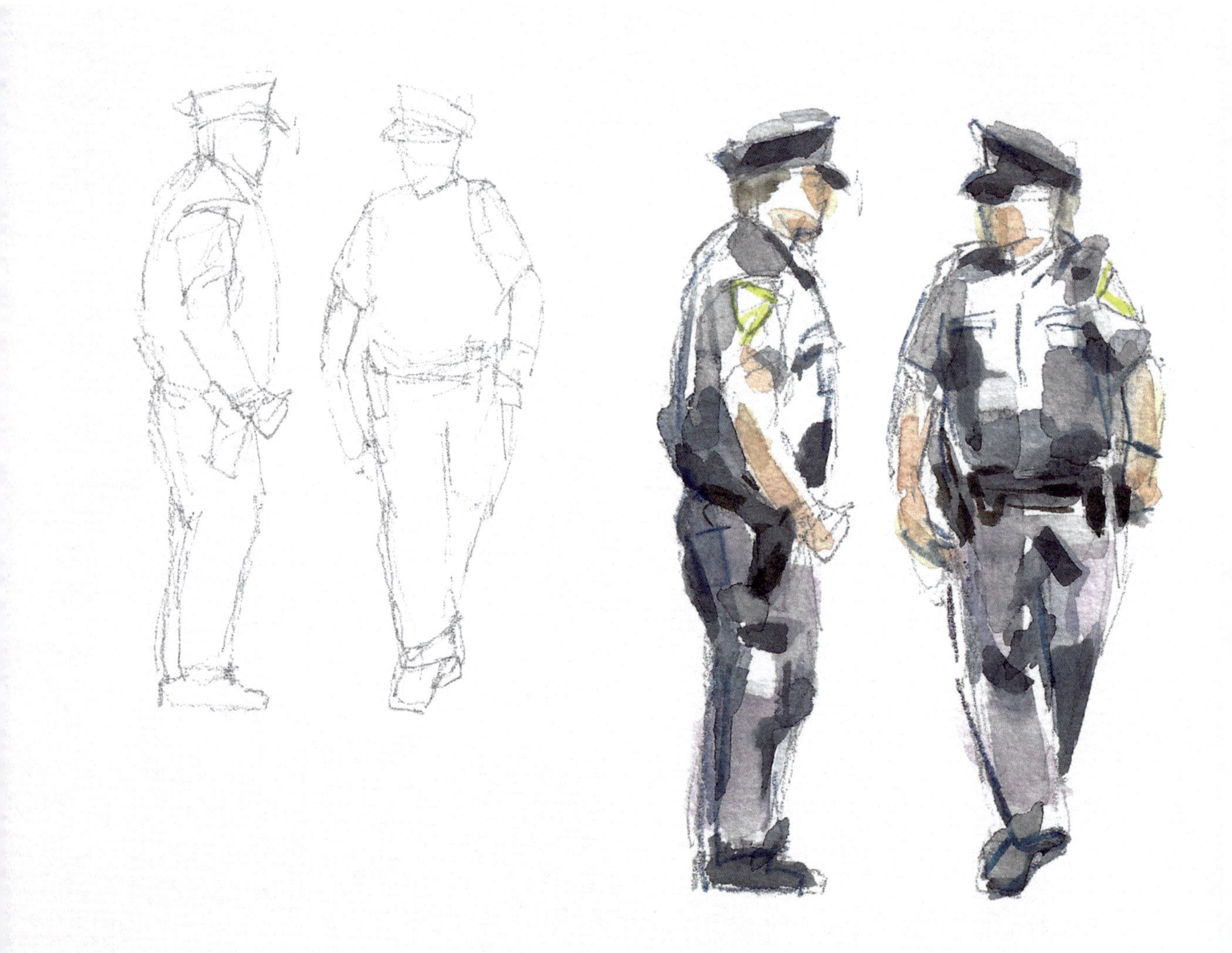

Inmitten vieler anderer Mitfahrenden steht ein Tourist auf, um die Freiheitsstatue auf Liberty Island, im New Yorker Hafen, von der Fähre aus zu fotografieren. Diese puristische Zeichnung hat mir besonderen Spaß gemacht, da ich hier hemmungslos gekritzelt habe. Nach einer Vorstudie mit Bleistift habe ich mit ein paar Buntstiften Akzente gesetzt.

Es kam mir darauf an, genau diese beiden Motive – Tourist und Freiheitsstatue – in den Fokus zu nehmen und die anderen Menschen an Bord in den Hintergrund treten zu lassen. Dies gelingt wunderbar, indem sie unkoloriert bleiben. Ebenso habe ich vermieden, den Himmel zu zeichnen und das Wasser nur am Ufer durch ein paar Spiegelungen angedeutet.

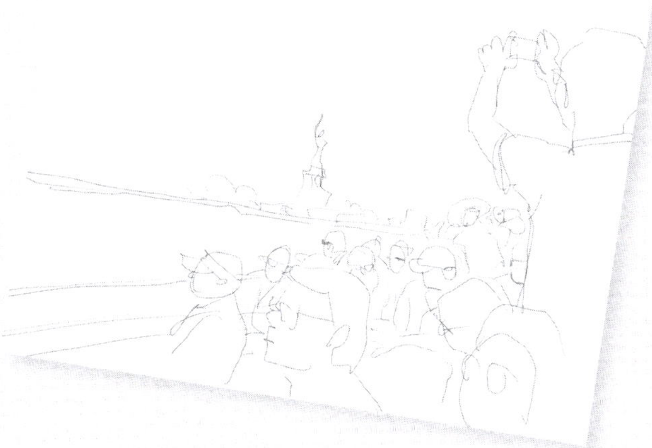

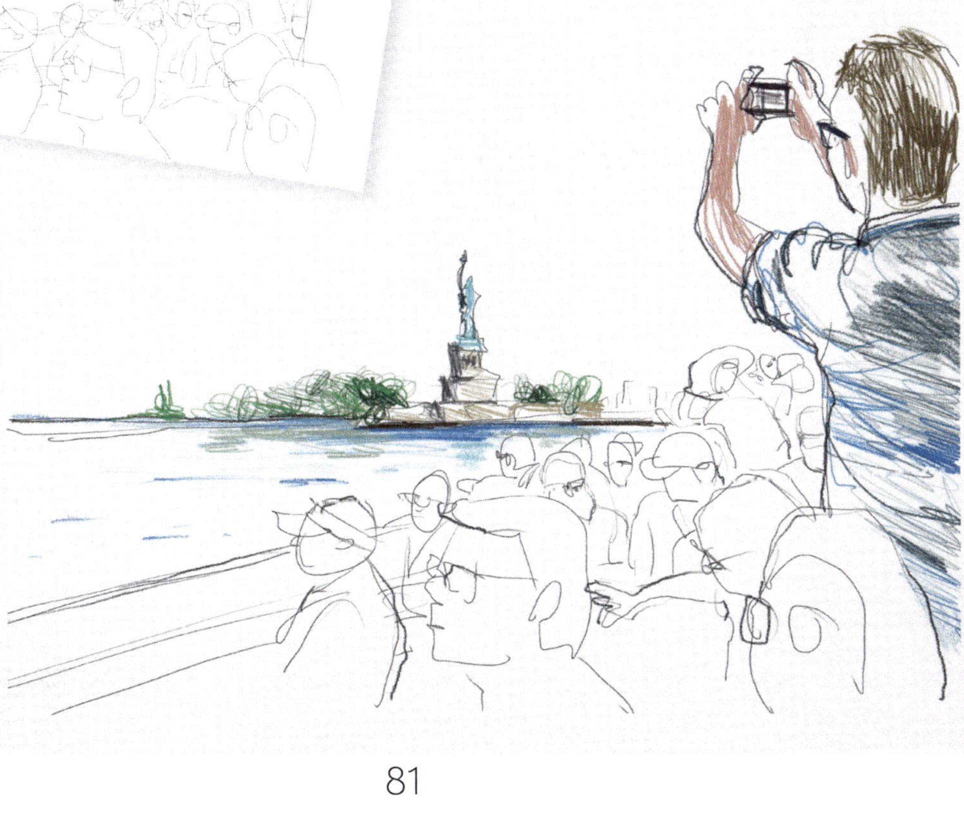

1. Indem wir Menschen also in einen Kontext bringen, erzählen wir eine Geschichte. Die Figuren auf dieser Doppelseite kennst du bereits. Aber das Paar mit dem Kinderwagen geht nun mit seinem Hund am Rhein spazieren, der auf eine appetitanregende Möwe trifft. Der Rhein in Nahaufnahme findet sich auf der rechten Seite wieder, was zusammen ein stimmiges Ganzes ergibt.

2. Im zweiten Schritt habe ich die Zeichnungen mit Headlines und Texten ergänzt. Der Fernsehturm als beliebtes Wahrzeichen von Düsseldorf ist mit einem roten Herzchen geschmückt. Der Hund mit eindeutiger Denkblase, das Wort »Rhein« mit passender Wellensymbolik. Auf der rechten Seite sollte der Text nicht zu dominant erscheinen, daher in Bleistift. Die Möwe habe ich in ihren Konturen noch verstärkt und ein paar Vögel am Himmel fliegen lassen. (Dass ich da nicht gleich drauf gekommen bin!) Zufällig passen die Motive auf beiden Seiten auch noch farblich sehr harmonisch zusammen.

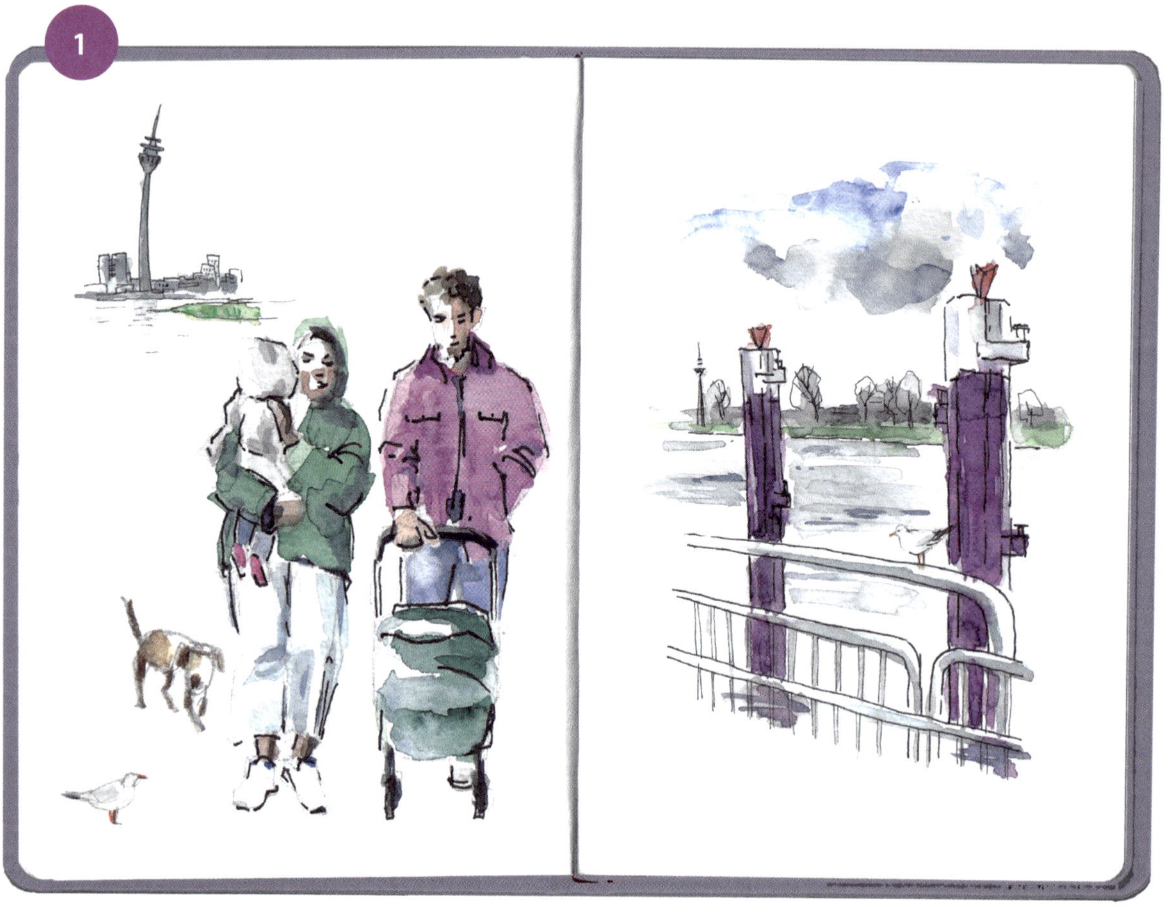

TIPP

Nicht alle meine Skizzenbuchseiten sehen so ordentlich und durchchoreografiert aus wie in diesem Beispiel. Und das muss auch gar nicht sein. Wenn du aber ab und zu Lust auf eine »schöne Seite« hast, gibt es Möglichkeiten, im Vorfeld zu testen, ob dir eine Gestaltung gefällt. Zum Beispiel, indem du Textausschnitte oder farbige Papierschnipsel in entsprechender Größe auf deiner Seite platzierst und probeweise hin und her schiebst. Oder du verwendest eine digitale Gestaltungsapp wie Procreate. Damit hast du die Möglichkeit, mit Anordnung, Größe und Ausschnitten deiner Zeichnungen zu experimentieren.

2

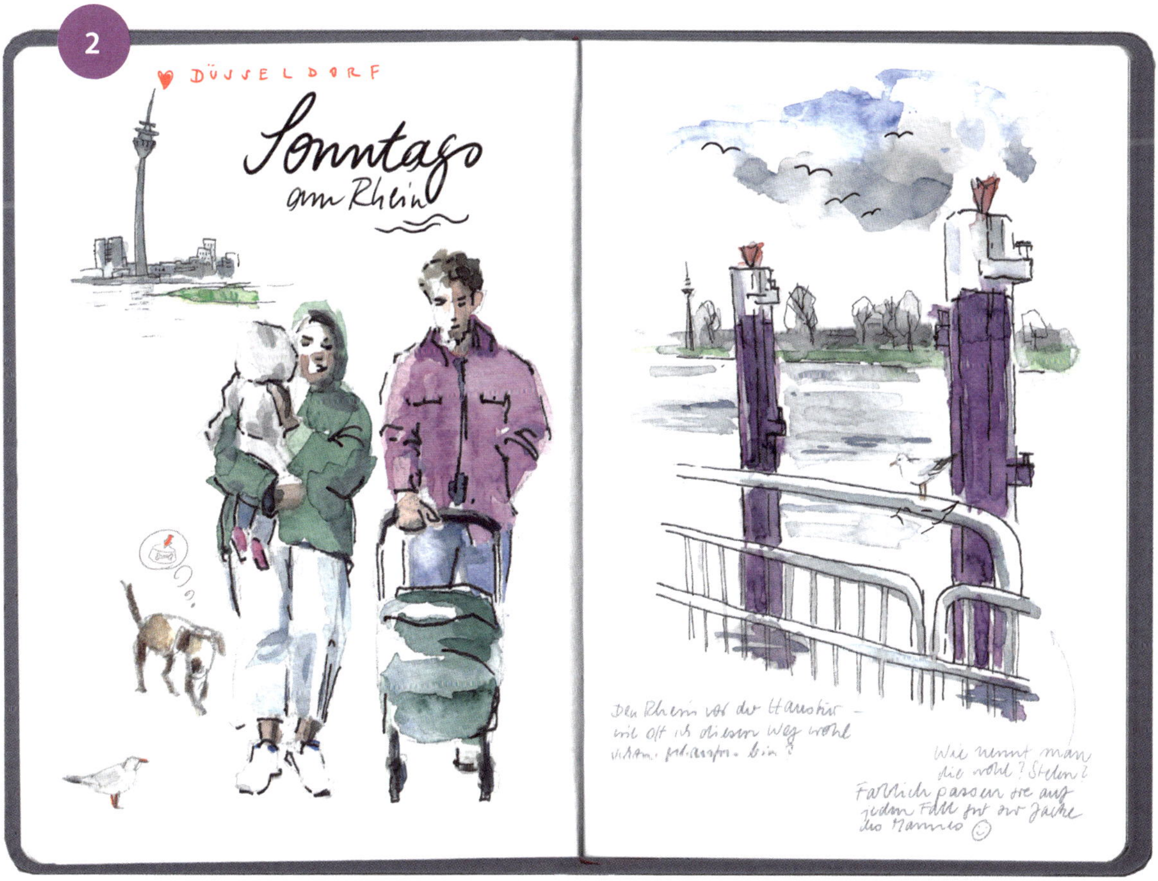

SEHENSWÜRDIGKEITEN SIND LANGWEILIG

Das ist ja wohl eine steile These, was? Und es handelt sich hier wirklich auch nur um meine private Meinung, die ich gleich wieder relativieren werde.

Ich oute mich als Reisende, die in Paris nicht ansatzweise in der Nähe des Eiffelturms gewesen ist und in Florenz den Uffizien keinen Besuch abgestattet hat. (Dafür war ich nur für Klees Goldfisch in der Hamburger Kunsthalle.) Es gibt mir nichts, etwas nur deshalb zu tun, weil man das so macht und dafür auch noch stundenlang anzustehen. Viel lieber gehe ich dahin, wo es ums Essen geht: Markthallen, Kneipen, sogar Supermärkte interessieren mich im Ausland brennend. Dann habe ich das Gefühl, Land, Leute und ihre Besonderheiten besser kennenzulernen und Neues zu entdecken.

Was ich damit sagen will: Erlaube dir doch bitte auch beim Zeichnen, dem nachzugehen, was dich interessiert. Ich will dir nicht reinreden, solltest du das Bedürfnis haben, zum Beispiel eine Seite mit den »Must-Sees« einer Stadt zu füllen. (Eine tolle Idee übrigens.) Aber man wird das »typisch Zürcherische« auch ohne das Grossmünster in deinen Zeichnungen erkennen. Womit wir wieder beim Essen wären …

Damit kriegt man mich immer. Meine Tochter lacht schon, wenn ich in Zürich unbedingt eine Cervelat essen muss. (Das hat nichts mit der deutschen Cervelatwurst in Scheiben zu tun, sondern ist eine Grillwurst mit einem knusprigen Bürli (Brötchen) dazu.) Solche Gerichte, und sind sie noch so einfach, sind Highlights für mich und deshalb besonders, weil ich sie nur an diesem Ort oder in diesem Land bekomme.

Dazu gehört auch das Käsefondue. Es schmeckt mir in der Schweiz am besten, auch wenn es bereits überall in Deutschland zu bekommen ist. Jedenfalls das abgepackte im Supermarkt. In der Schweiz gibt es »Hausmischungen« einzelner Geschäfte, oder man lässt sich gleich seine eigene Mischung frisch herstellen.

(Falls du dich fragst, was ein Rindfleisch-Curry mit der Schweiz zu tun hat: Das hat mir meine Tochter dort gekocht, daher gehörte es mit auf die Schweizer Doppelseite.)

Aber bevor ich mich weiter in Kulinarischem verliere – Ruchbrot (unten links) ist übrigens auch etwas, das ich in Deutschland noch nie gesehen habe – kommen wir doch noch einmal zurück zur Gestaltung.

Wie du siehst, habe ich meine Mahlzeiten mit Aquarellfarben koloriert und mit Fineliner beschriftet. Ein weiteres Stilmittel sind die eingestreuten unkolorierten Details wie Besteck, ein Käsestück, ein Brot usw. Sie beleben die beiden Seiten, schaffen zusätzliche inhaltliche Verbindungen zu den Motiven und veranschaulichen sie. Gleichzeitig wollte ich damit ein Überladen der Seiten vermeiden. Es sollte noch etwas Luft zirkulieren.

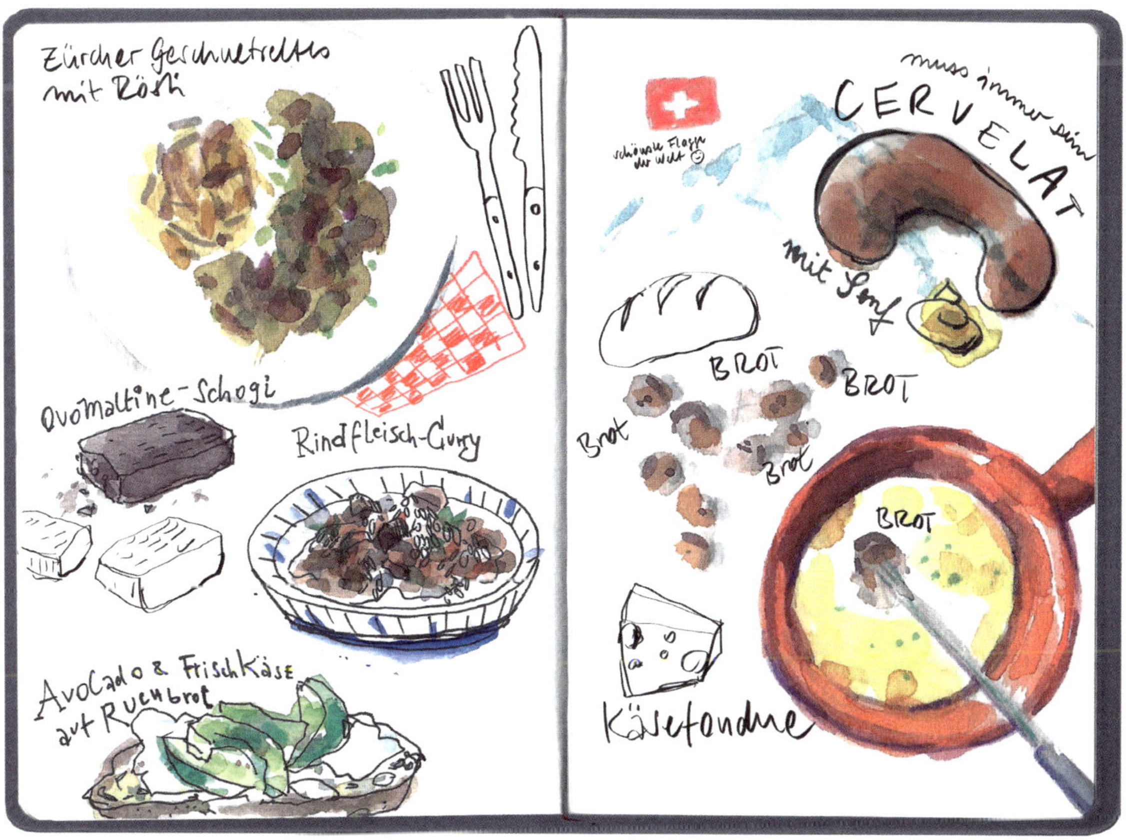

Hier eine weitere Doppelseite mit Lieblingsgerichten, die ich unterwegs und auf Reisen gerne esse. Du kennst das vielleicht, dich auf Gerichte zu freuen, die du schon einmal an einem bestimmten Ort genossen hast. Bist du wieder dort, brauchst du gar keinen Blick in die Speisekarte zu werfen, weil du bereits weißt, was du essen möchtest. Oder es geht dir wie mir bei dieser Zeichnung. Du entdeckst die leider so selten gewordenen Königsberger Klopse auf der Karte, eins deiner Lieblingsgerichte, bestellst sie und … Tja. Schmeckt eben doch nicht wie bei meiner Oma. Oder meinem Mann, der die vegane Variante perfekt drauf hat. Ein Fall fürs Skizzenbuch. Und so habe ich mir meine idealen Klopse gezeichnet.

Genauso wie den perfekten Hamburger, bei dem ich nie verstehen werde, was das mit dem Brötchen soll. Sieht zwar schön aus, schmeckt aber leider meistens nicht. Das Ossobuco werde ich immer mit meiner Sprachreise nach Florenz verbinden. Ich bemühte mich, meine Bestellung auf Italienisch aufzugeben – und der Kellner antwortete mir auf Englisch!

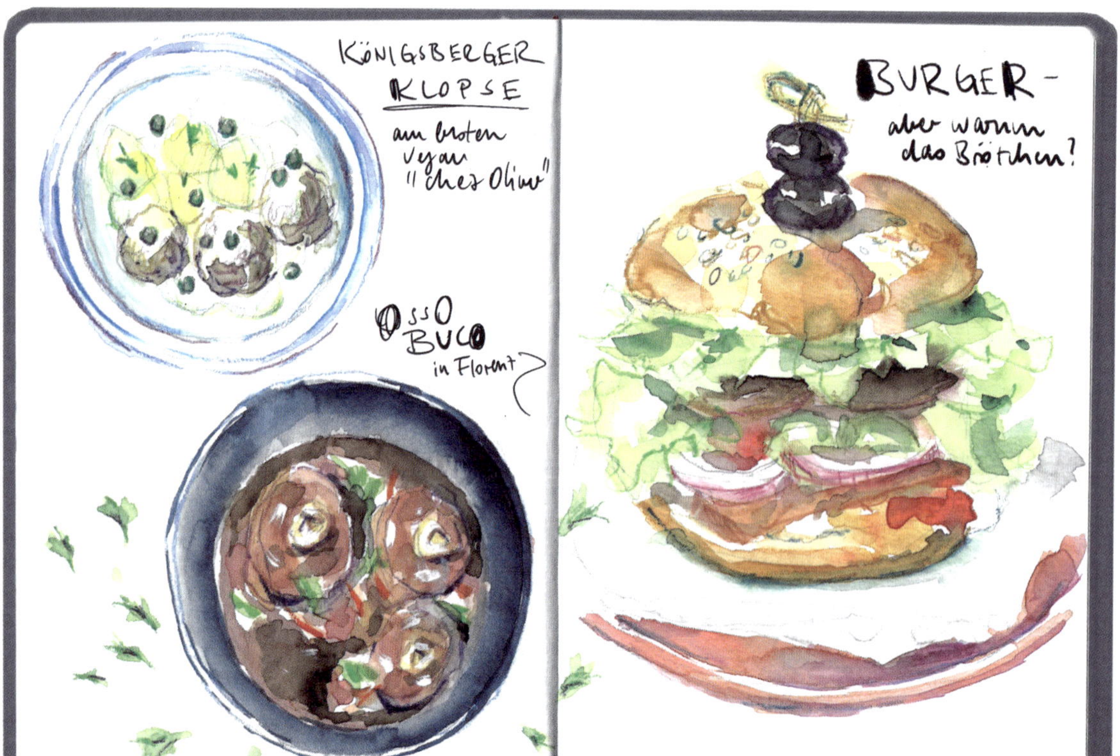

Siehst du, das meinte ich mit der Überschrift »Sehenswürdigkeiten sind langweilig«. Es gibt so viel mehr als das, was im Reiseführer steht: deine Erlebnisse, Erinnerungen und was du mit bestimmten Orten in Verbindung bringst. Und das kann manchmal eine einfache Bratwurst sein.

Gegessen wird auch in den USA: oft, reichlich und bei jeder Gelegenheit. Im New Yorker Jazzclub Blue Note fand dies tatsächlich während des Konzerts statt. Die ganze Zeit war Besteckgeklapper zu hören! Ich saß an der Bar mit Blick auf den Speiseraum und war sprachlos. Daran erinnert mich immer wieder diese kleine Skizze. Manchmal reichen eben schon ein, zwei Stifte, um eine Erinnerung festzuhalten.

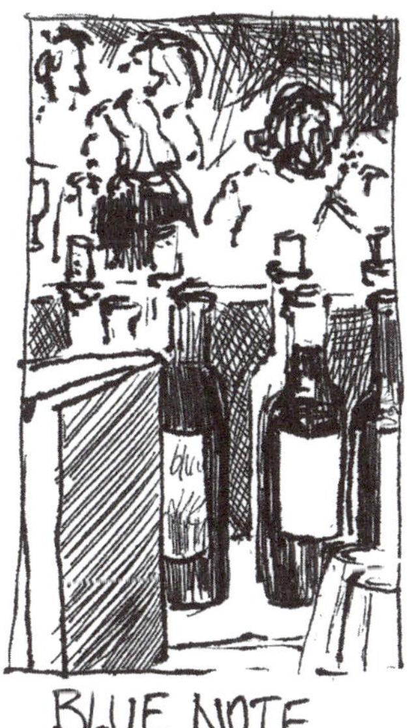

Jetzt aber Schluss mit dem Essen und hin zu den Sehenswürdigkeiten.

Für den Düsseldorfer und die Düsseldorferin gibt es – besonders beim Heimkommen nach längerer Abwesenheit – nichts Herzerwärmenderes als der Blick auf den Fernsehturm. Und da ich hier einige Jahre verbracht habe, möchte ich dieses Bedürfnis natürlich auch entsprechend würdigen.

Ich habe dafür eine etwas ungewöhnliche Perspektive gewählt: Eine Straßenlaterne mit Vögeln steht im Vordergrund. Da sie lediglich als Outline gezeichnet ist, überlässt sie dem Fernsehturm – der sich ihr liebevoll zuneigt – dennoch die Bühne. Einen Farbklecks bringt das an der Laterne befestigte Schild mit hinein.

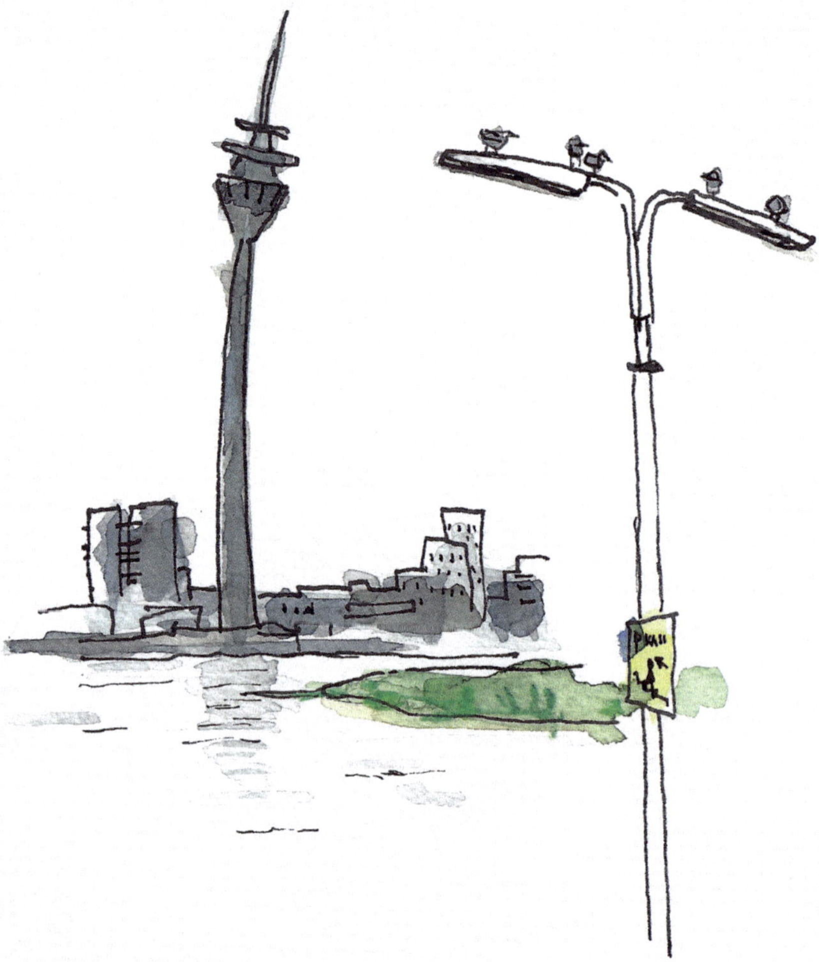

TIPP

Schiefe Bauwerke können aus der Not heraus auf unserem Papier entstehen, wenn kein Platz mehr ist und wir sie uns zurechtbiegen. Oder einfach nur so, weil es unserer Zeichnung etwas Lockerheit gibt.

Der Kirchturm von Sankt Georg in Hattingen ist allerdings tatsächlich schief.

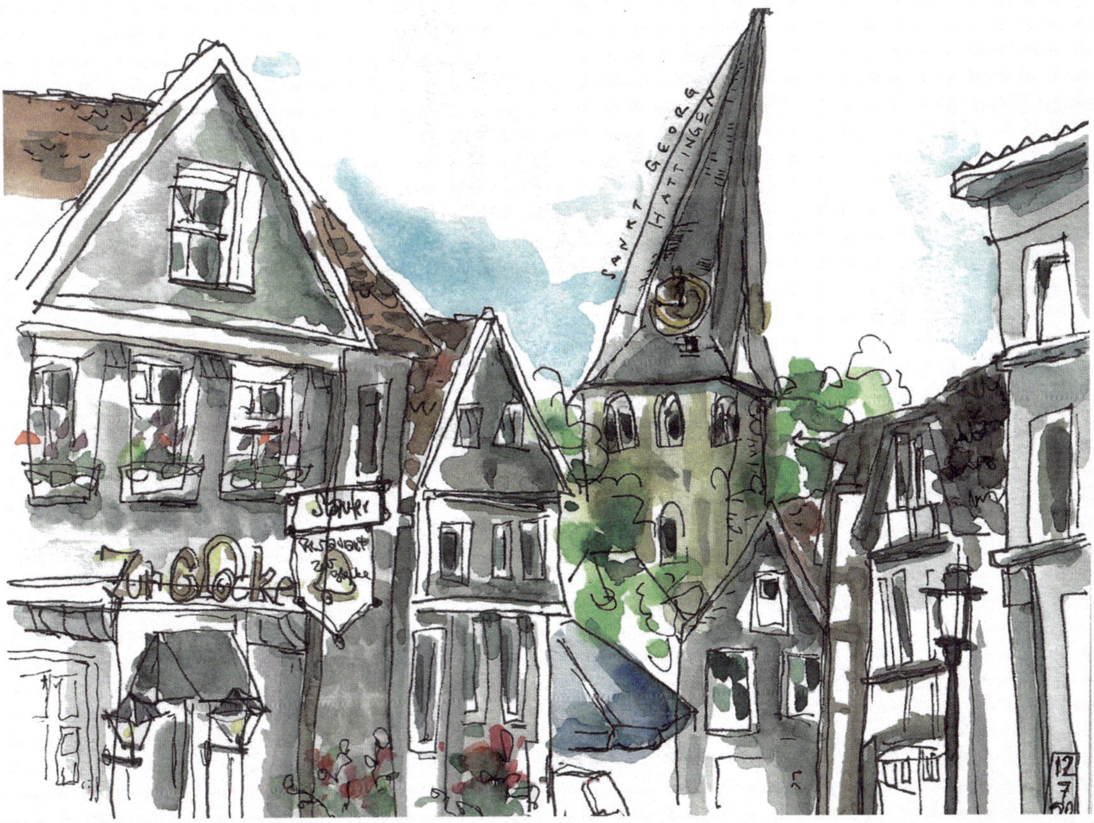

Hier siehst du die Düsseldorfer Tonhalle und seitlich rechts davon das NRW-Forum im Ehrenhof, ein Ausstellungs- und Veranstaltungsort. Ich habe zunächst wieder flächig gearbeitet, um im zweiten Schritt Details der Gebäude, Menschen und die Fahnen einzufügen. Auf dem linken Rasenstreifen siehst du ein paar weiße Streifen, wo vorher ein paar Flanierende gezeichnet waren, die perspektivisch nicht so ganz auf Kopfhöhe waren. Wir sprachen darüber beim Thema Perspektive.

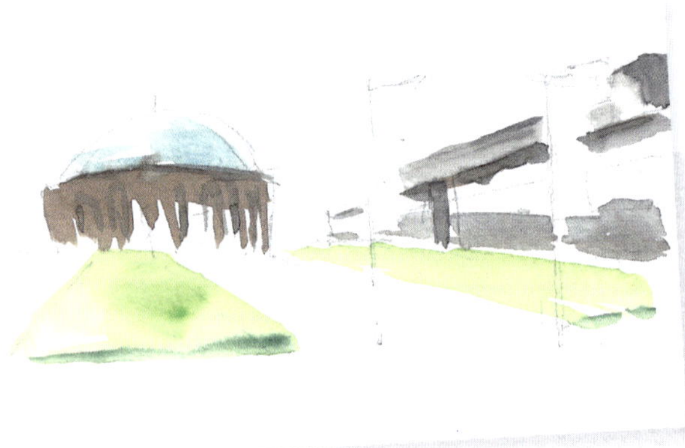

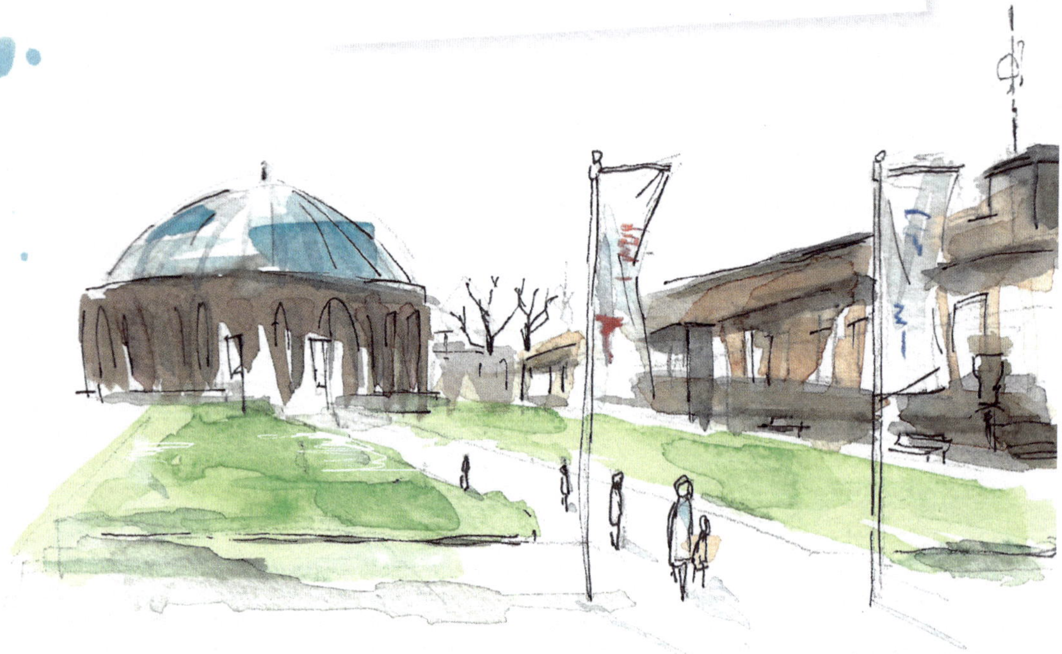

An dieser Reiterskulptur, dem Ulanendenkmal am Düsseldorfer Joseph-Beuys-Ufer, hat mich die Sicht von unten nach oben stark gereizt. Durch die 15 Meter hohe Stele können wir dem Pferd auf den Bauch und unter die Hufe schauen. Die insgesamt sechs Beine (wovon zwei kaum zu sehen sind) in die richtige Anordnung zu bringen, war ein großes Vergnügen.

TIPP

Vermeide beim Zeichnen Gedanken wie »Das ist kompliziert«. Sieh es lieber als Experiment, und nutze immer wieder Gelegenheiten, Motive aus ungewöhnlichen Blickwinkeln zu studieren.

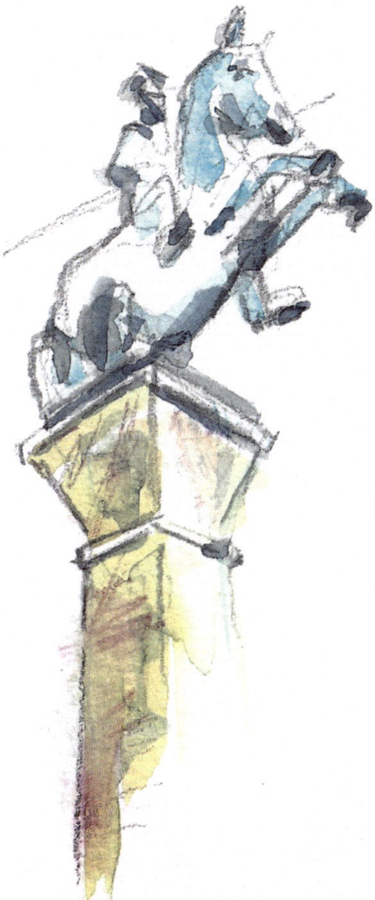

Meine Lieblingsskulptur in Düsseldorf steht auf dem Burgplatz. Es ist die »Stehende Frau« von Hannelore Köhler. Vor einigen Jahren wurde sie mutwillig zerstört, konnte aber zum Glück wieder restauriert werden. Ihre harmonische Form und ihr freundliches Lächeln sind eine Bereicherung für die Altstadt. Ich habe sie schon oft gezeichnet und bestimmt nicht zum letzten Mal.

1. Hier habe ich einen Fineliner und einen Brush Pen verwendet. Die Skulptur ist mit Aquarellfarbe koloriert. Ich habe ein Violett verwendet, um einfach mal vom üblichen Steingrau abzuweichen. Im Hintergrund ist der Schlossturm zu sehen.

2. Für die weitere Gestaltung habe ich erst überlegt, nur an der Skulptur zu arbeiten und Menschen sowie Schlossturm als Linien unkoloriert stehen zu lassen. Die Wirkung fand ich wenig überzeugend. Wahrscheinlich, weil die »Stehende Frau« dafür zu mittig auf meiner Seite platziert ist und dadurch langweilig wirken würde. Durch die farbliche Gestaltung von Turm und Bäumen verschiebt sich der Schwerpunkt nach rechts und macht es interessanter.

Nun war da noch der gepflasterte Platz im mittleren Bereich mit einer gewissen Leere. Die Grautönung als Lasur half noch nicht. Steine zu zeichnen hätten es mir zu unruhig gemacht. Also habe ich ein Stück Rasen dazu erfunden, dessen Grün sich gut in Beziehung zu den Bäumen setzt.

Unten links siehst du eine weitere Version, die ich sehr mag. Sie ist während eines Urban-Sketcher-Treffens entstanden, zu erkennen an meiner Mitzeichnenden im Hintergrund.

1

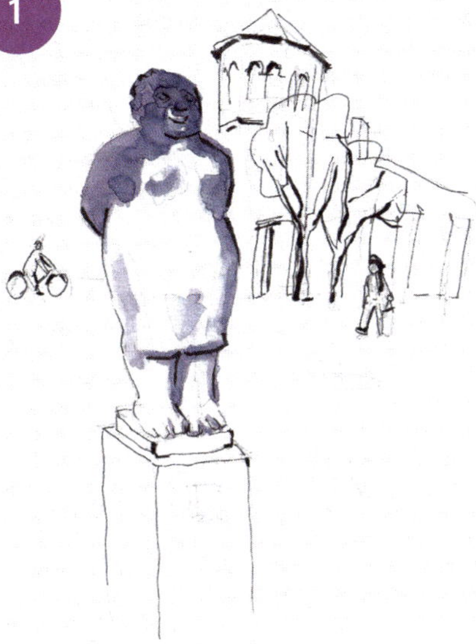

2

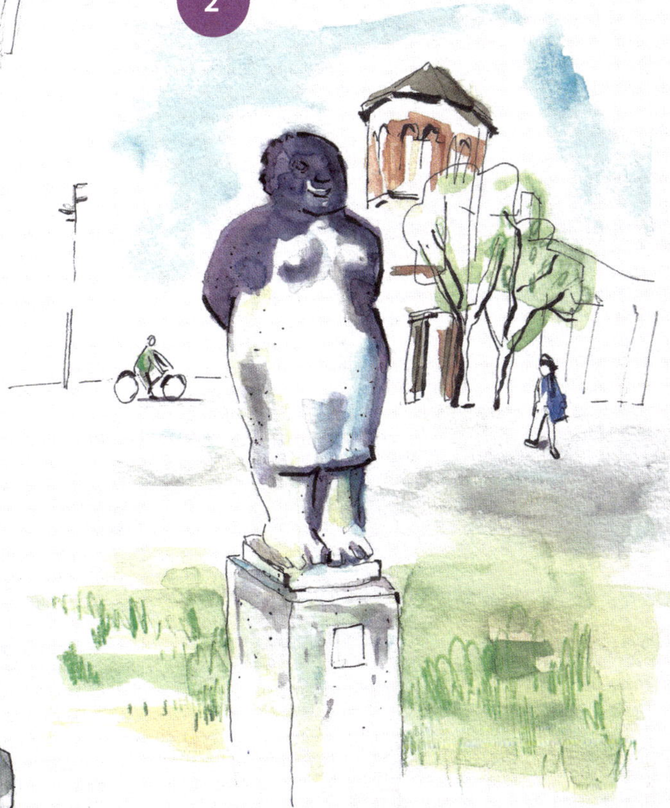

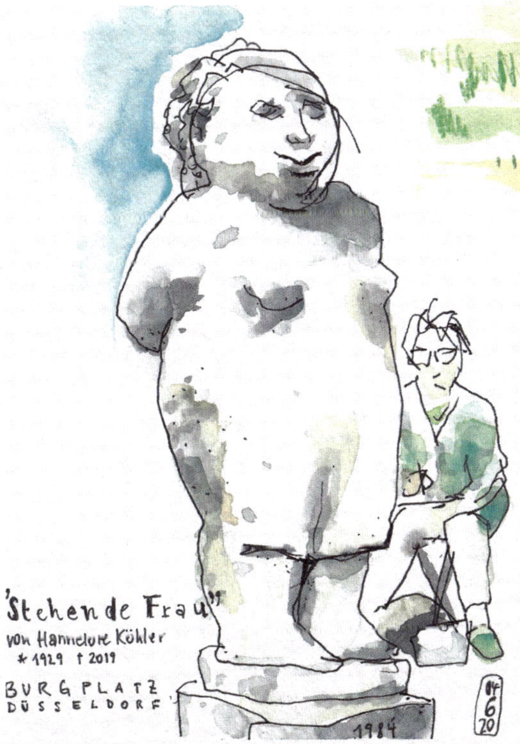
'Stehende Frau'
von Hannelore Köhler
* 1929 † 2019
BURGPLATZ
DÜSSELDORF
1984
04 6 20

Dort entstand auch die Zeichnung des Radschläger-Brunnens. Die Skizzen passen von ihrem Strich und ihrer Farbgebung gut zusammen. Es ist ihnen irgendwie anzusehen, dass sie am selben Tag entstanden sind, oder?

Wo wir schon bei Skulpturen sind, zeige ich dir noch zwei andere, die ich beide bei meinem Spaziergang am Rhein entdeckt habe. Die Plastik »Großer Kopf« von Trude Esser versteckt sich fast im Gebüsch und zeigt uns einen männlichen Kopf, dessen Gesicht auf interessante Art zu groß für seinen Schädel ist. Ich habe ihn seitlich und von vorn porträtiert.

Die Frau, die ein Gefäß auf dem Kopf balanciert, ist Teil eines Brunnens, der sich im Rheinpark befindet.

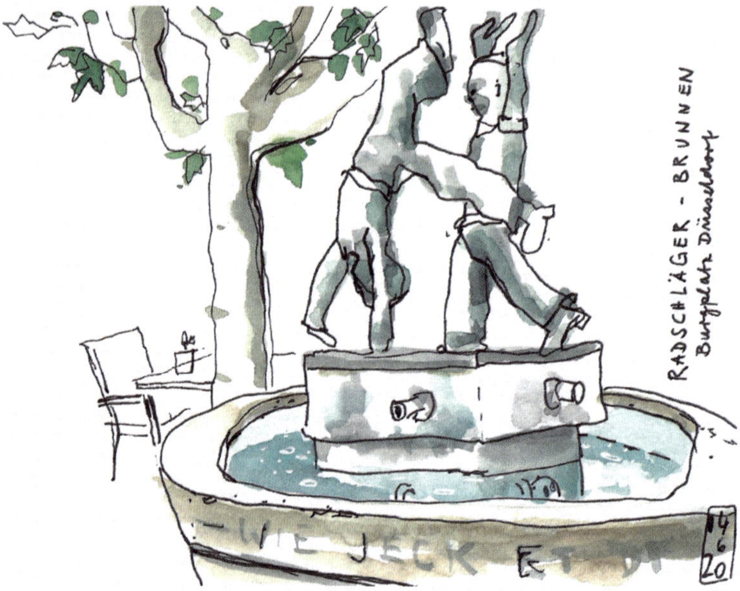

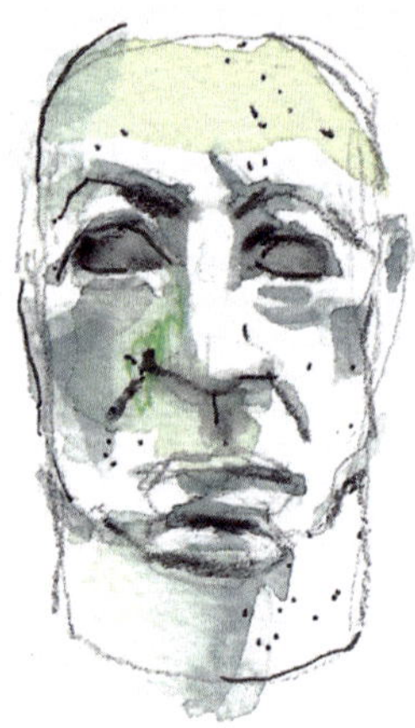

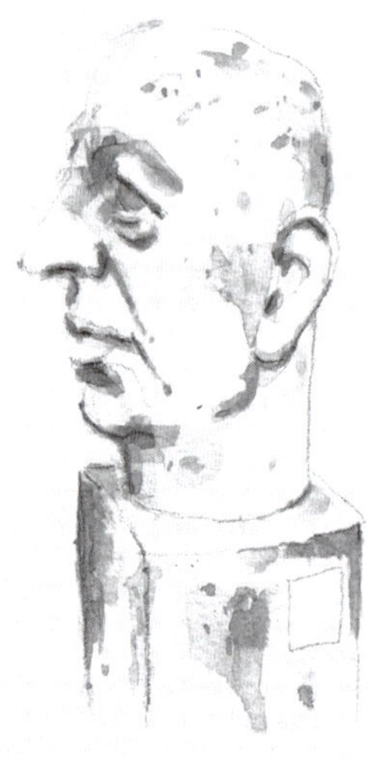

TIPP

Zur Andeutung des Materials bei steinernen Skulpturen setze ich gern ein paar Pünktchen, die das Poröse wiedergeben. Wenn ich sie nicht gerade violett koloriere, verwende ich gern Grau-, Grün- oder Beigetöne.

So könnte eine Doppelseite mit Denkmälern und Skulpturen in Düsseldorf aussehen. Zweimal habe ich dasselbe Objekt, »Stehende Frau« und »Großer Kopf«, aus verschiedenen Blickwinkeln gezeichnet. Wenn du an so etwas Spaß hast, lassen sich auch noch mehr Details finden wie angebrachte Schilder, steinerne Nasen, Ohren und Münder – eben alles, was dein zeichnerisches Interesse weckt. Variiere die Proportionen und setze beispielsweise ein großes Detail neben eine kleinere Gesamtansicht deines Motivs.

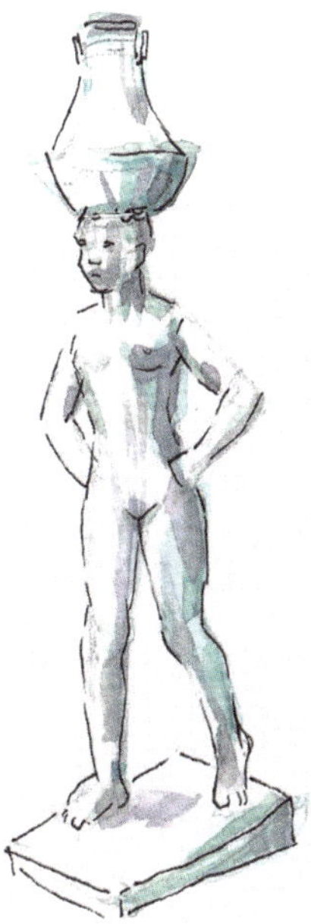

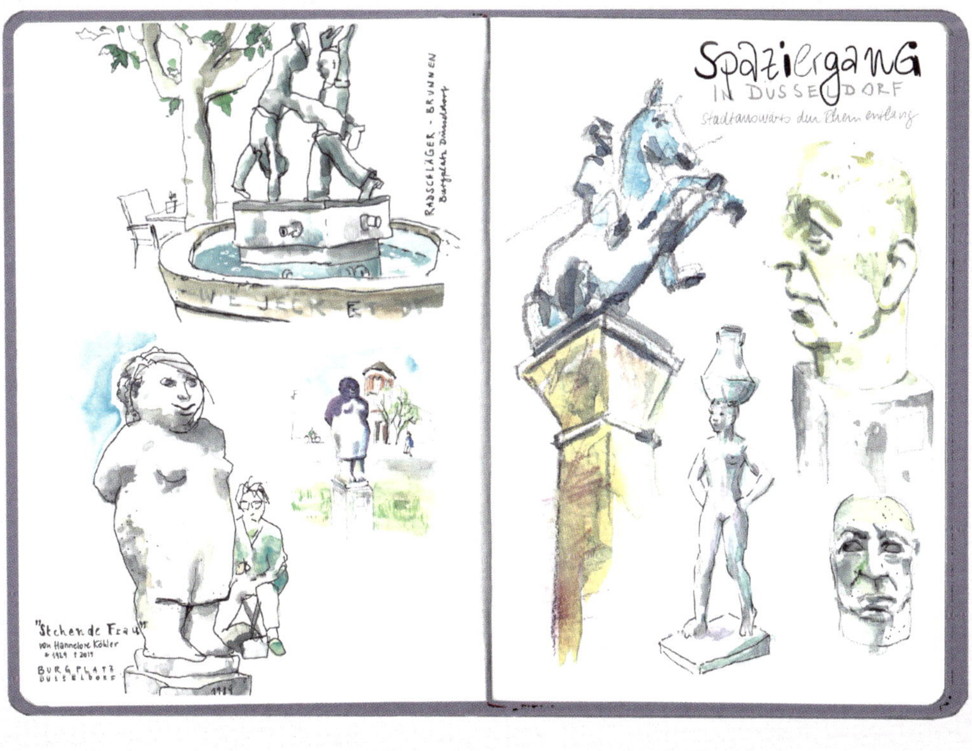

An diesem Bauwerk, der Washington Bridge in New York, haben mich der Aufbau und die Struktur gereizt. Ich habe die Brücke zeichnerisch nah herangezoomt und versucht, mit meinem Stift die Konstruktion zu verstehen. Der dazugehörige Fluss hat es deshalb nicht aufs Bild geschafft. Er wurde mit Namen und Symbolen daneben vermerkt – auch hier wieder als gestalterisches Element. Und auch wenn es nur ein kleiner angedeuteter Fisch ist, bringt er Leben ins Bild.

Auf eine andere Art schafft es auch das vor dem Moulin Rouge in Paris parkende Baufahrzeug, mehr Spannung ins Motiv zu bringen. Man sollte meinen, so etwas Profanes habe dort im Bild nichts zu suchen. Ich finde: »Doch!« und mixe gern Alltägliches mit dem Schönen. Krümel auf der Tischdecke, eine Fliege auf dem Kuchen, Mülltonnen neben einem Restaurant ... (Und ich bin schon wieder beim Essen!)

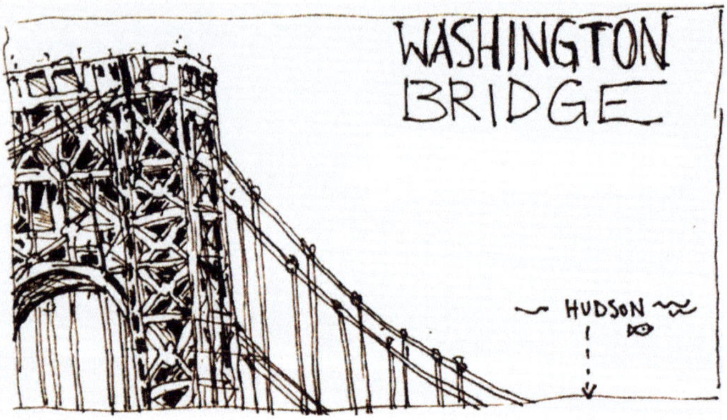

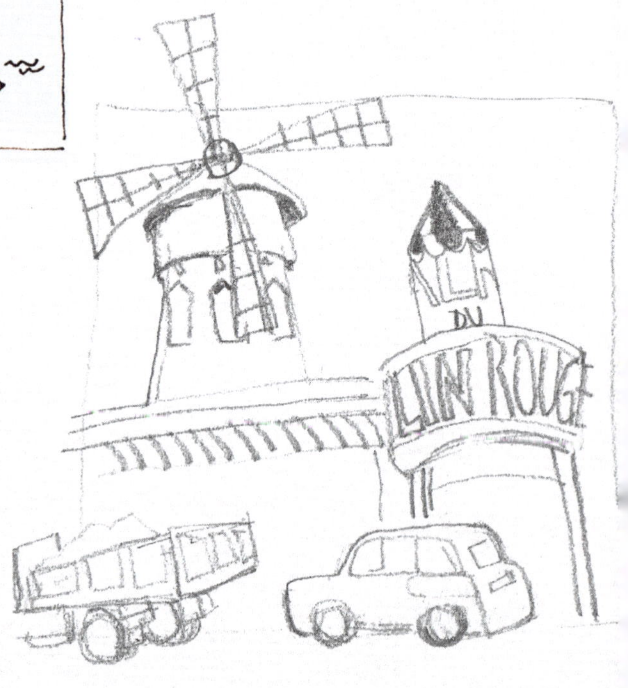

1. Machen wir nun einen Ausflug nach Paris. Die Basilika Sacré-Cœur auf dem Montmartre ist für diese Stadt eines der Wahrzeichen schlechthin. Aber keineswegs abgegriffen für uns Zeichnende! Wenn du dich an unsere Torten-Übung erinnerst, kommst du hier voll auf deine Kosten. Türme, Kuppeln, Fenster – und von allem reichlich.

Ich war vor einiger Zeit mit meiner Tochter dort und habe sie gleich mit ins Bild genommen. Im ersten Schritt siehst du, dass das Kirchengebäude dabei in den Hintergrund tritt. Durch meine Tochter vorn und einige weitere Menschen auf den Treppenstufen entsteht Räumlichkeit. Erste Lasuren sorgen für Farbe.

1

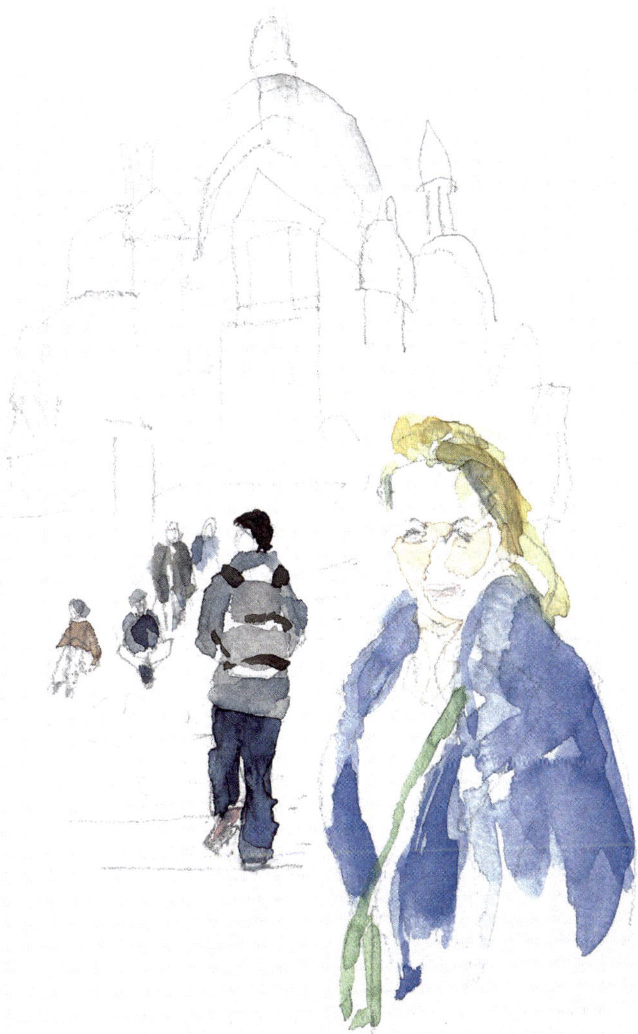

2. Dann ging es an die Details des Gebäudes mit schwarzem Fineliner. Dabei habe ich mich an der Anzahl der Türme orientiert und die Fensteranzahl passend dazu gemacht. Es folgten Linien für die Treppen und ein paar mehr Menschen. Die tun einer Zeichnung immer gut.

3. Hab keine Angst, du könntest bei solch komplexen Motiven etwas falsch machen. Mit deinen Zeichnungen entsteht auch immer deine Interpretation der Wirklichkeit. Niemand wird ein Foto daneben legen und kontrollieren, ob das alles der Realität entspricht. Was zählt, ist die Stimmigkeit des Gesamteindrucks. Beim Betrachten eines Bauwerks zählen wir auch nicht die Fenster.

4. Im letzten Schritt bekam die Basilika einige sparsame Farbakzente. Es hingen dort rote Plakate, die sich als Kontrast sehr gut machten, vor allem zu dem Blau des Mantels und den blonden Haaren meiner Tochter im Vordergrund. Die Kuppeln habe ich grau lasiert, und ein wenig Türkis und Hellblau am Gebäude und den Statuen ergänzt. Auch die Menschen weit hinten treten farblich zurück. Einige sind farblos geblieben, um das Bild nicht zu überladen. Einzig der Mann mit Rucksack ist noch ausgestaltet und schafft damit eine Überleitung zwischen Vorder- und Hintergrund.

Beim Bildaufbau gab es für mich ähnliche Überlegungen wie bei der »Stehenden Frau« (s. S. 93). Zu starke Symmetrie wirkt schnell langweilig. Durch die Platzierung meiner Tochter als Hauptmotiv rechts neben der Bildmitte habe ich dem vorgebeugt.

2

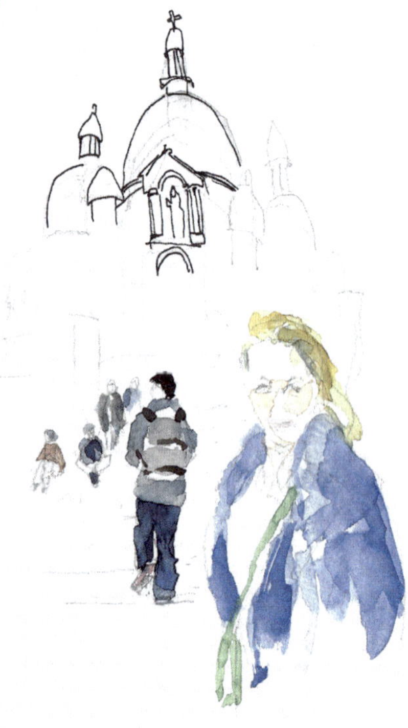

3

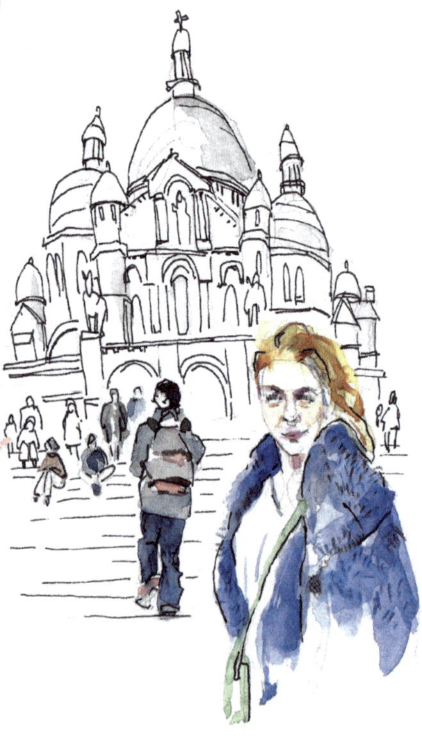

4

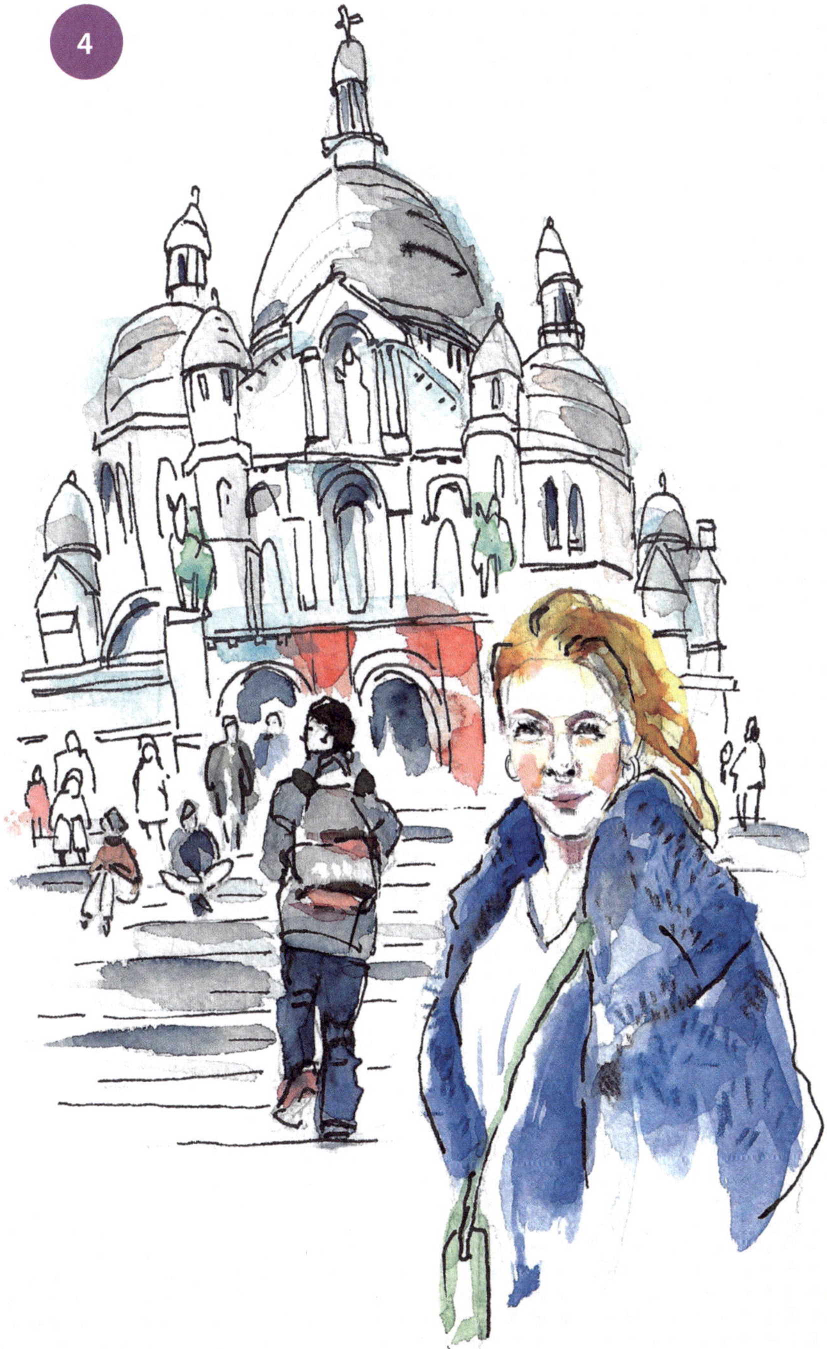

Als ich neulich in einer Stadt, deren Namen ich nicht nennen werde, auf den Bus wartete, dachte ich: Ist das hässlich hier! Und schon hatte ich wieder ein Motiv für mein Skizzenbuch. Nichts ist perfekt, das darf sich auch in unseren Zeichenmotiven widerspiegeln. Und ich wette, gerade diese Objekte werden dir besonders großen Spaß machen.

1. Im ersten Schritt konzentrierte ich mich mit meinem Fineliner auf Linien und Winkel. Alle Motive habe ich stark vereinfacht und damit das Statische betont.

2. Ich empfand die Atmosphäre durch die Ansammlung von Beton und Stein als berauschend trostlos. Da bot sich Grau geradezu als Grundfarbe an mit einer ersten Aquarelllasur in Grau bei vereinzelten Elementen sowie dem Setzen des Schattens im Vordergrund. An der Mauer unterhalb des Autos erkennst du ein angedeutetes Graffiti in Weiß. Dort hatte ich vor dem Lasieren etwas weißen Wachsmaler (ein weißer Kerzenstummel geht auch) aufgetragen. Das Fett lässt die wässerige Farbe abperlen und das mit Wachs gezeichnete Motiv hervortreten.

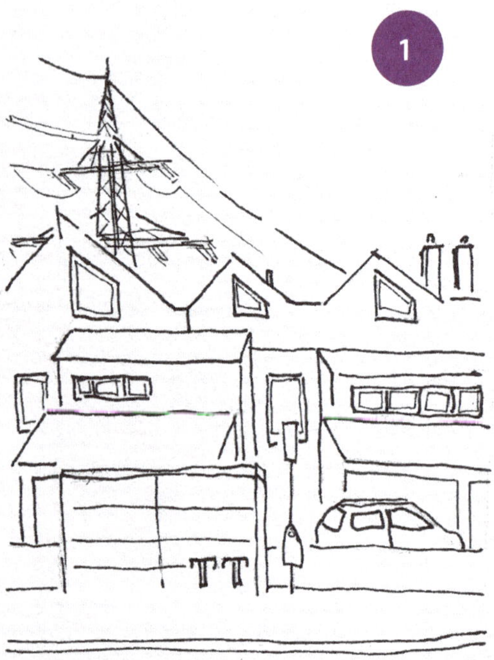

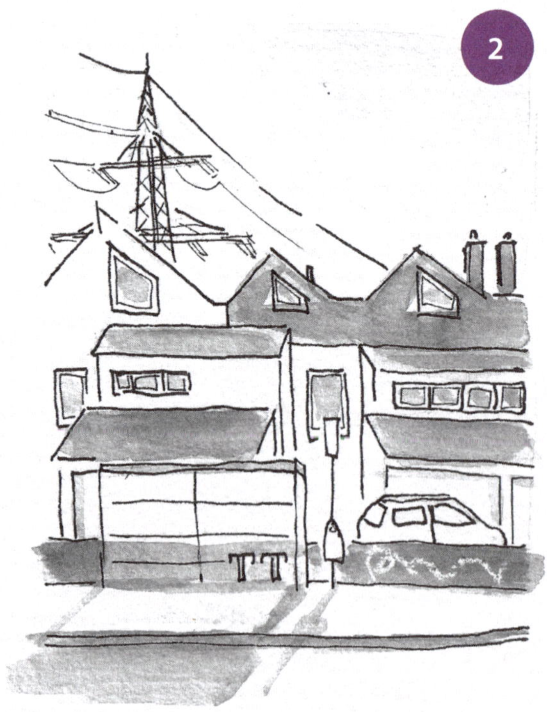

3. Ich ergänzte die Zeichnung mit gebrochenen Grün- und Blautönen, um den trüben Eindruck, den ich von dieser Ansicht hatte, zu verstärken. Wie du vielleicht im vorherigen Schritt gesehen hast, entstand rechts oben durch die Bildkomposition ein leeres Dreieck, das die Stromleitung in Verbindung mit dem anstoßenden Dach bildete. Ich habe es mit blauem Himmel gefüllt und so ein Gegengewicht geschaffen.

4. Was hältst du davon, mit ein paar Strichen für mehr Struktur und mit einer Katze für eine gewisse Niedlichkeit zu sorgen? Ich habe es einfach ausprobiert. Damit wirkt die Szenerie gar nicht mehr so trostlos, oder?

TIPP

Für die gebrochenen Töne mische ich die reinen Farben mit »Palettenschmutz«, also Farbmischungen, die sich in meinem Farbkastendeckel angesammelt haben. Ich wasche den Deckel fast nie, denn diese Farbtöne sind hilfreich, um Natürlichkeit zu erzielen. Farben direkt aus deinen Näpfchen sind dagegen strahlend, wirken aber manchmal recht künstlich. Was natürlich durchaus beabsichtigt sein kann.

3

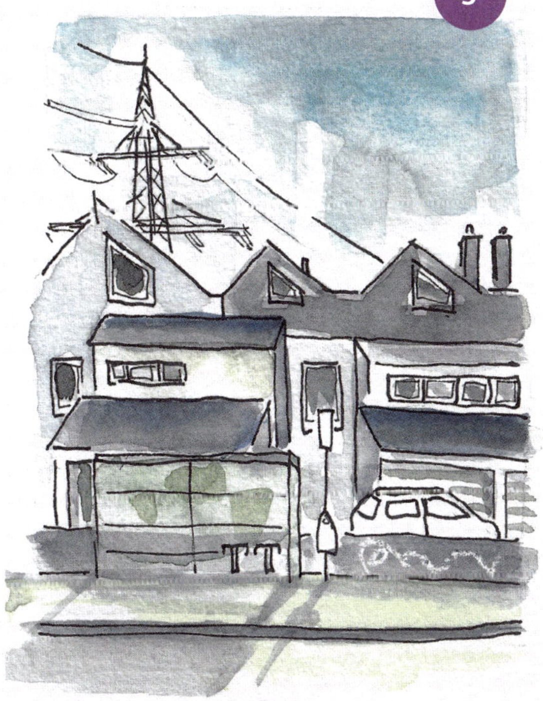

4

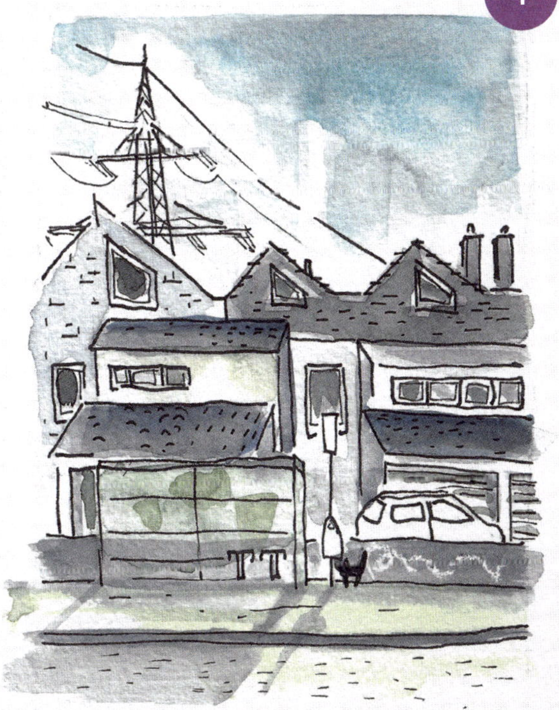

5. Hier ein weiteres Experiment, für das die »rosa Brille« zum Einsatz kam. Ich habe die Zeichnung aus dem ersten Schritt noch einmal neu koloriert. Was Farbtöne doch für unterschiedliche Wirkungen erzielen können. Dazu noch ein paar lockere Striche und Bögen auf den Häusern und Dächern als Gestaltungselemente. Und hast du die kleinen Vögel gesehen, die von den Dächern zwitschern?

TIPP

Einen rosafarbenen Himmel setze ich gern ein, wenn ich mein Bild etwas in der Wirkung pushen möchte. Die Wirkung ist jedes Mal spektakulär (vor allem mit Brillant Opernrosa) und für Betrachtende unerwartet. Genauso kannst du andere poppige Farben einsetzen wie Türkis, Maigrün, Zitronengelb usw.

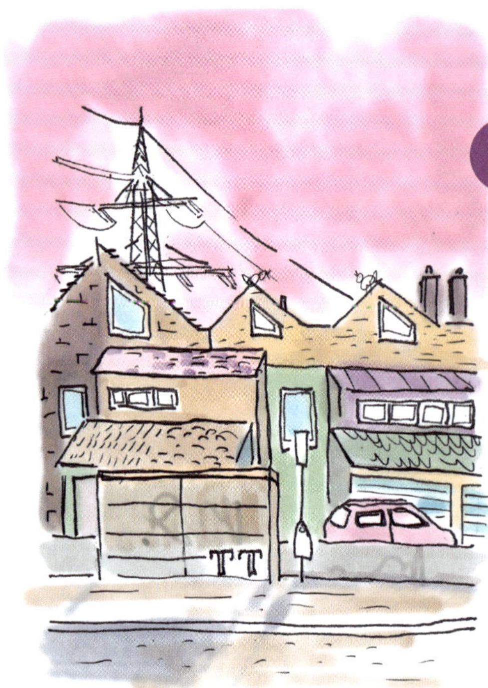

5

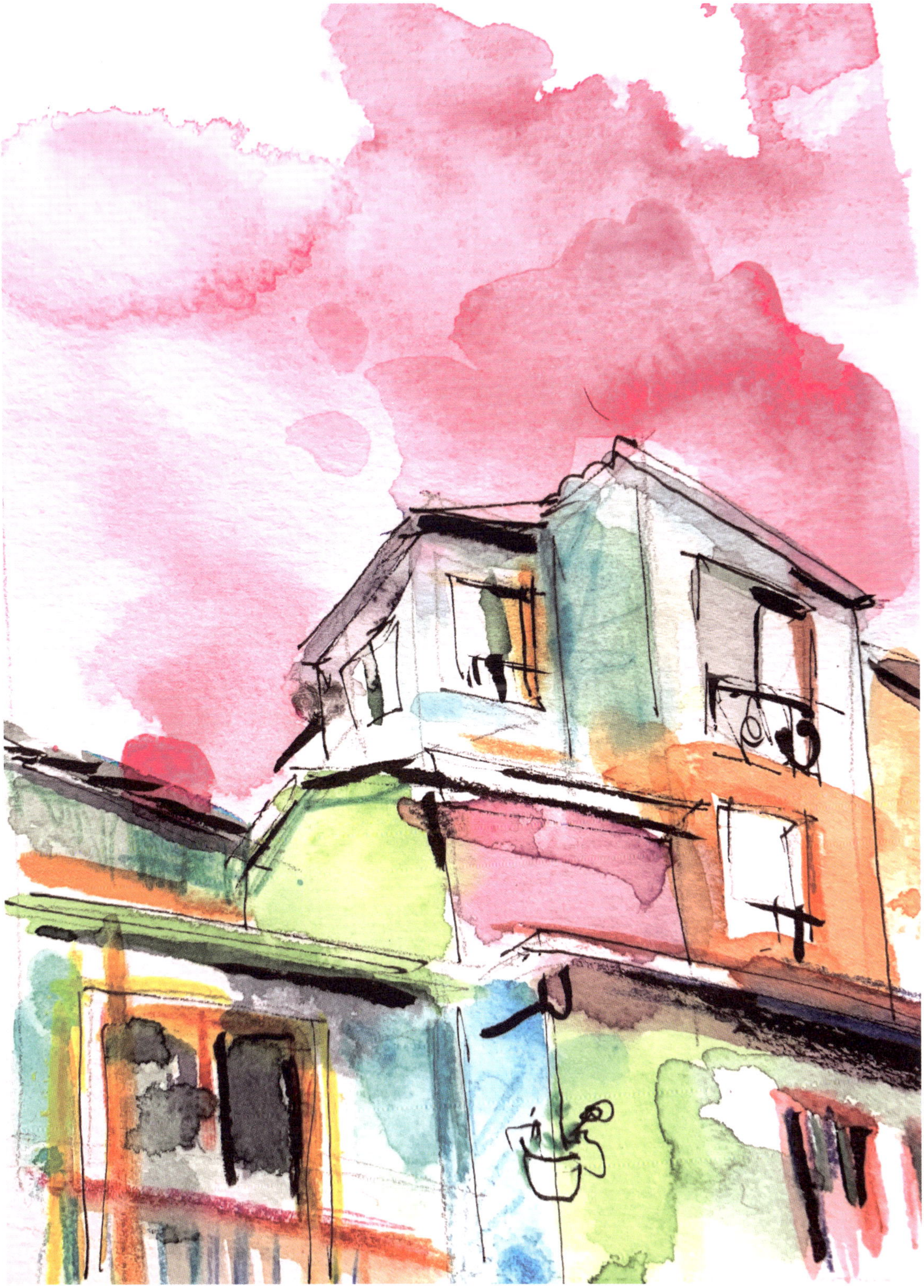

GESTALTE DEINE SEITEN

Details

Wir wollen oft das große Ganze und sehen weniger die Details. Bei Fotos fällt mir das besonders auf. Manchmal werde ich von Tourist:innen gefragt: »Could you take a picture of us?«. Ich frage dann extra nach, aber die Antwort ist immer dieselbe. Jaja, alles soll drauf. Das Pärchen, der Rhein und der Fernsehturm. Und Oberkassel! Na klar, gern.
Ich dagegen halte es lieber so: Ran ans Motiv!

Wenn ich mir zum Beispiel alte Häuser anschaue, interessieren mich Details wie Erker, Schnörkel, kunstvoll geschreinerte Türen und all so was. Damit lässt sich eine interessante Seite in deinem Skizzenbuch gestalten. Vor allem, wenn du deine Motive aus unterschiedlichen Perspektiven zeigst.

Diesen Erker habe ich aus der Froschperspektive gezeichnet, was ihm einen speziellen Charakter verleiht. Der Anschnitt der Haustür ist bewusst gewählt zur Verortung, damit der Erker nicht zu sehr in der Luft hängt.

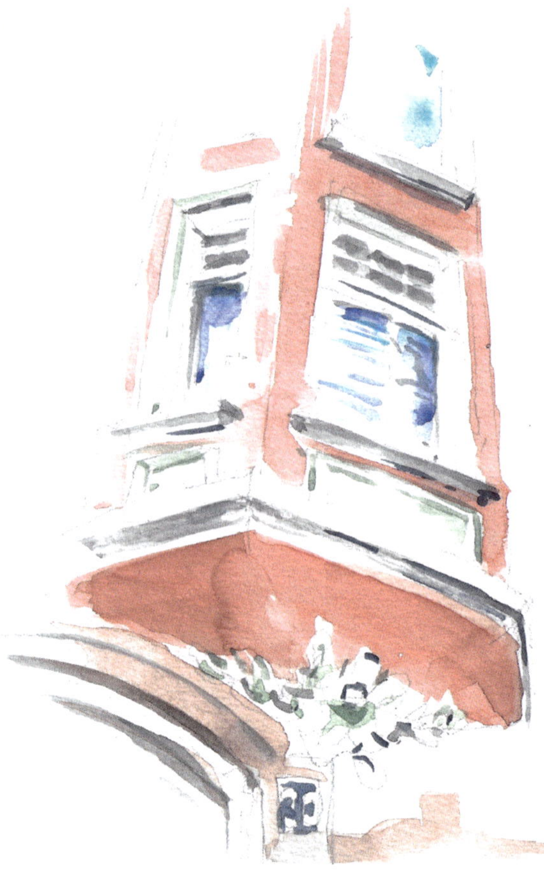

Ich glaube, die schönsten Erker hat der Kanton Schaffhausen in der Schweiz. Dort habe ich in Stein am Rhein diese wunderschönen Häuser gefunden und mir bei der Farbgestaltung etliche Freiheiten herausgenommen. Neben dem interessanten Giebel liegt der Schwerpunkt auf den vier Erkern. Um den Blick dorthin zu lenken, sind sie in knallbunten Farben koloriert und von Pink umgeben, welches sich im Himmel wiederholt. Alle übrigen Details sind zurückhaltend bis gar nicht farblich gestaltet.

1. Nach einer feinen Bleistiftzeichnung habe ich mit Füller und wasserfester Tusche die Häuser gezeichnet. Bewusst habe ich alles ein bisschen krumm und schief angelegt, um eine spielerische Note hineinzubringen.

1

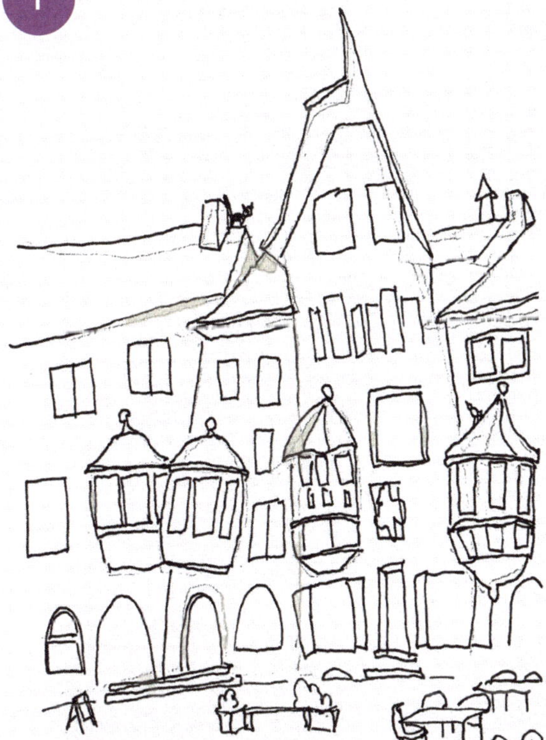

2

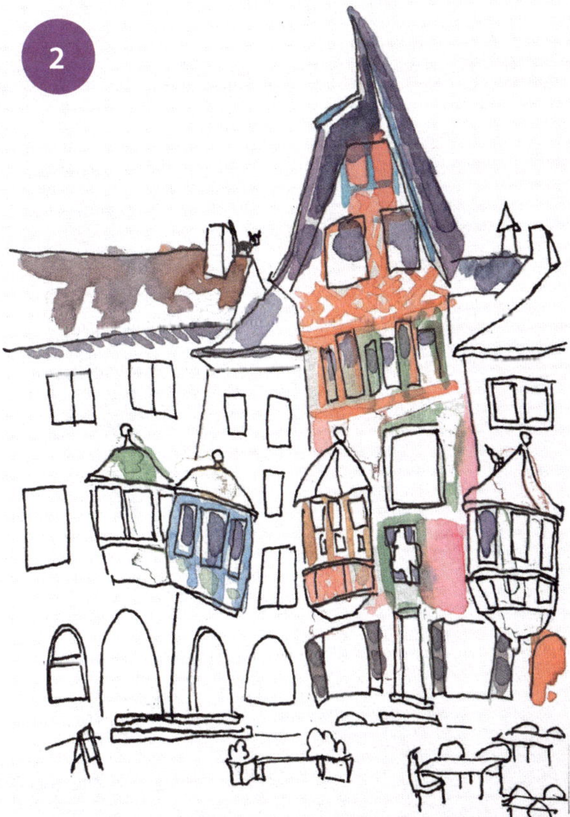

2. Beim Kolorieren habe ich dort begonnen, wo ich meinen Schwerpunkt setzen wollte – bei den Erkern und dem Giebel. Nachdem mir die Farbgestaltung gefiel, habe ich sie entsprechend fortgesetzt.

3. Wichtig dabei: Auch Kontraste sind von Bedeutung! In der finalen Version siehst du auf dem Dach und in den Fenstern ein dunkles Violett und Indigo, um Tiefe zu erzeugen.

3

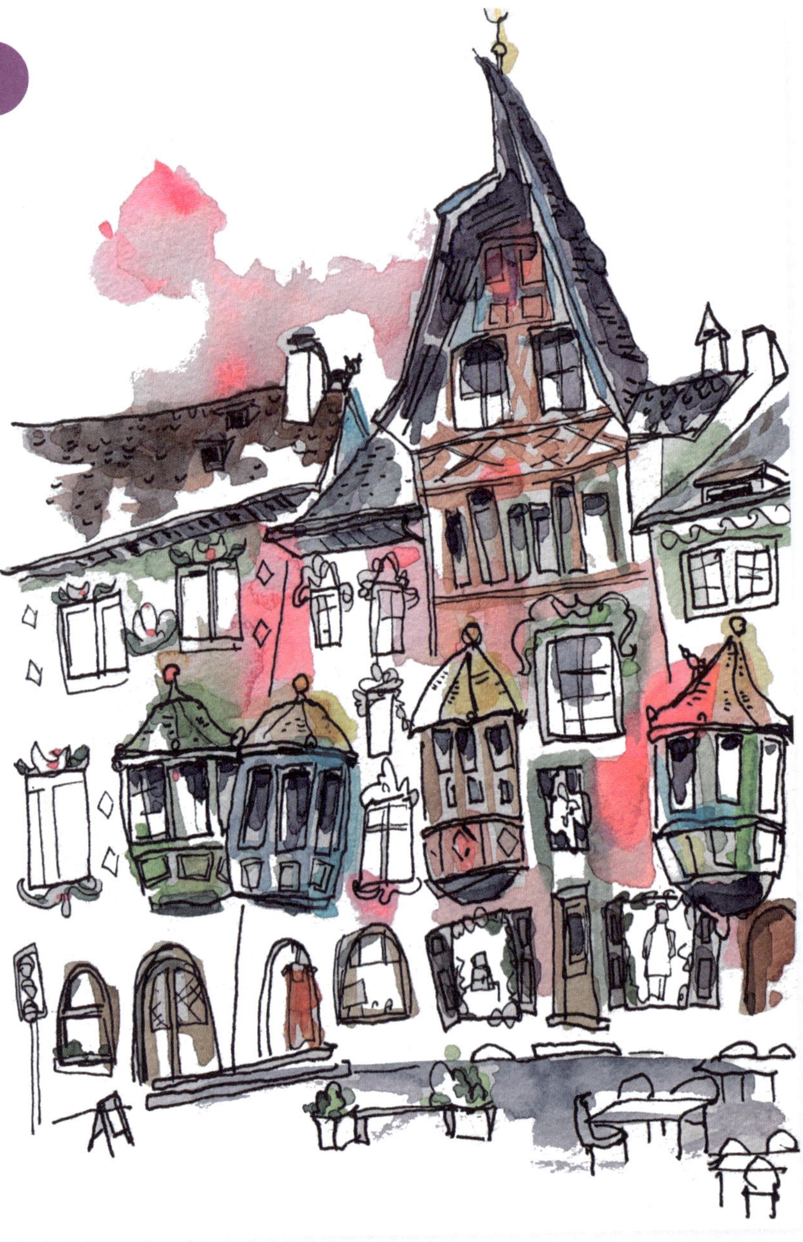

1. Dieser wunderschöne Altbau steht in der Stadt Schaffhausen. Ich habe mir den unteren Bereich herausgepickt, was auf einen sehr symmetrischen, pyramidenartigen Aufbau hinauslief. Um diesen ein wenig zu brechen, steht ein Aufsteller des Restaurants vorn links.

2. Die ersten feinen Bleistiftlinien wurden im zweiten Schritt verstärkt und weiter ausgeführt. Keine Angst vor Stuck und Ornamenten. Es reicht völlig aus, sie in ihren Formen anzudeuten. Vor allem, wenn es sich um explizite Figuren (wie hier zwei Löwen) handelt.

1

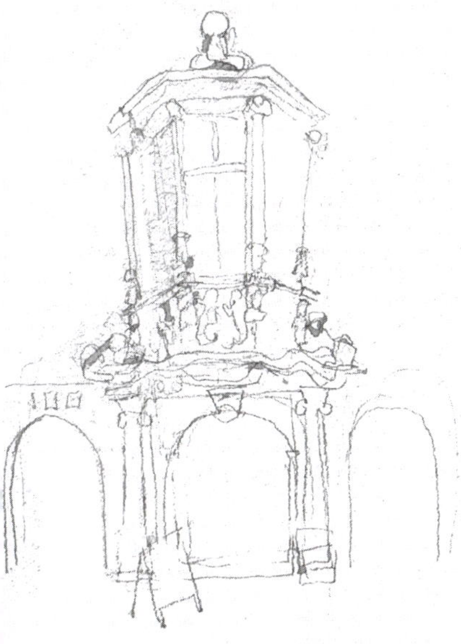

2

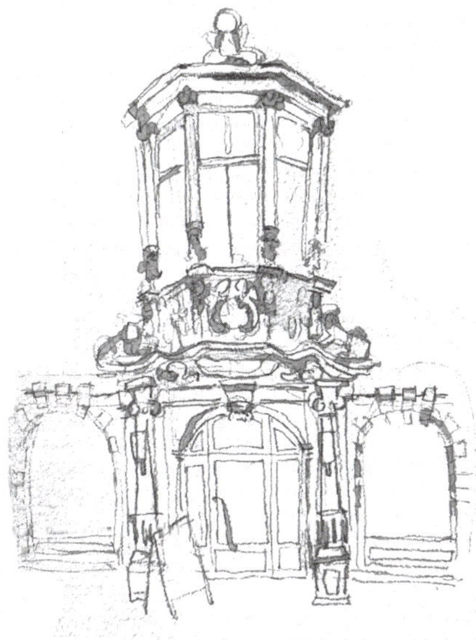

3

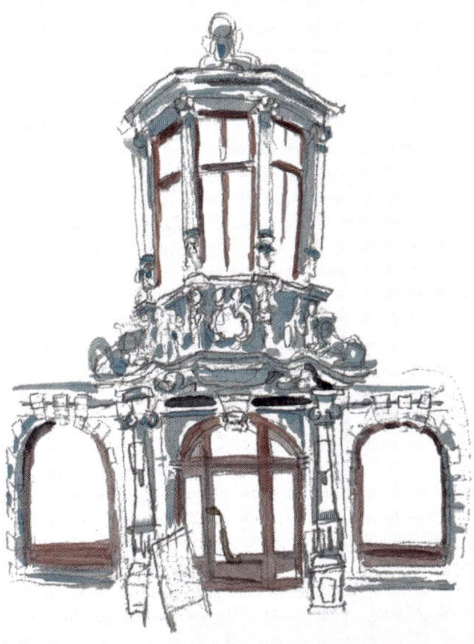

3. Mit ersten Lasuren habe ich weitergearbeitet und darauf geachtet, sie sparsam zu setzen. Was mir allerdings erst als originell und gute Bildidee erschien, stellte sich dann als etwas merkwürdig heraus. Wie sollte man aus dieser Zeichnung auf ein Haus schließen, wenn neben und über dem Erker alles frei bleibt?

4. Also habe ich mich auch dem Drumherum gewidmet und die oberen Fenster im Anschnitt gezeichnet. Das Fenster links neben dem Erker ist etwas stärker ausformuliert, um die Symmetrie weiter aufzubrechen. Für die Kontraste waren die dunklen Fensterscheiben im Erdgeschoss entscheidend sowie die Spiegelungen in den restlichen Fenstern. Für weitere Kontraste sorgen die dunkelblauen Lasuren am Erker und im Eingangsbereich. Das Gelb im Stuck korrespondiert gut mit weiteren gelben Akzenten in den Fenstern und dem Türgriff.

4

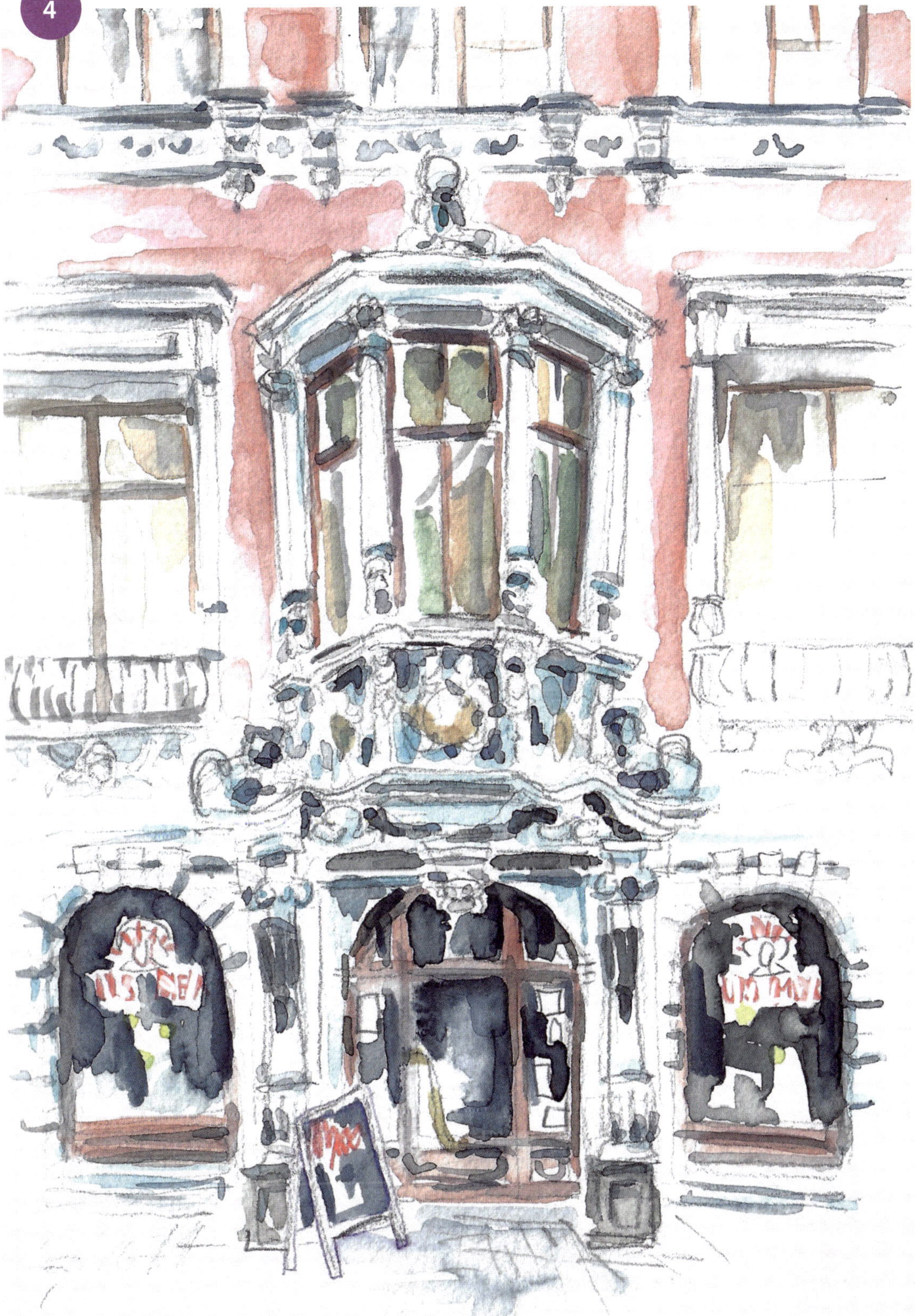

Bei diesem Beispiel funktioniert das Weglassen oberer Stockwerke besser durch die horizontale Anordnung von Fenster, Tür und Gegenständen (anstatt der Dreieckskomposition bei der vorherigen Zeichnung). Der entstandene Freiraum sorgt für Luft im Bild.

1. Auch hier haben wir es mit Stuck zu tun und einer aufwendigen Gestaltung bei Tür und Fenster. Beides habe ich mit indigoblauen Lasuren herausgearbeitet. Die Bank und der Türrahmen bekamen Lasuren in Englisch-Venezianisch Rot. Kartenständer, Flaschen und Leuchten stehen noch in Bleistift. Einen ersten Akzent geben das Grün und das Gelb im Bild.

1

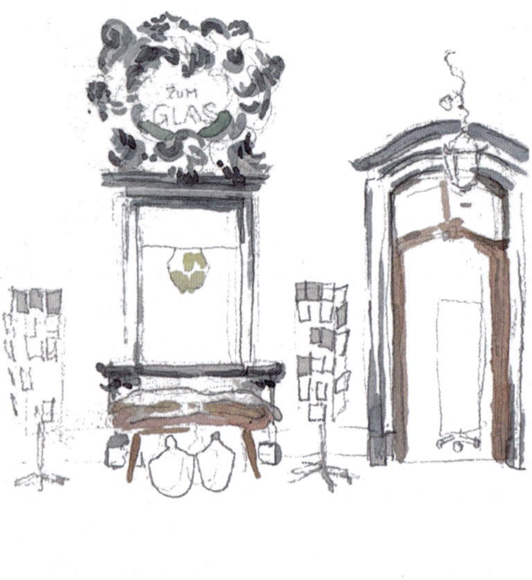

2

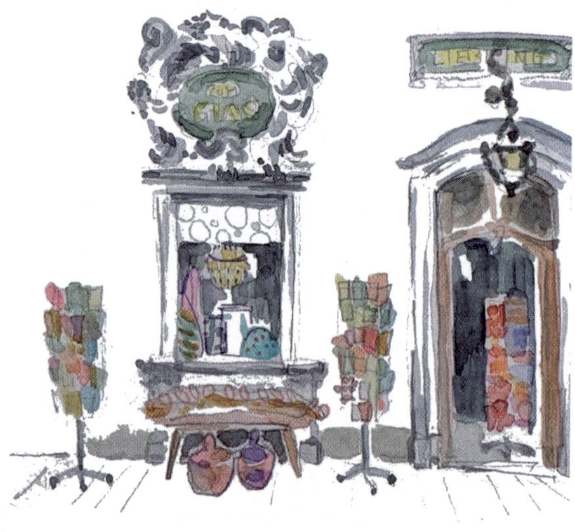

2. Weitere Grün- und Gelblasuren folgten bei den Schildern und den Lampen. Die dekorierten Einzelteile wie Karten, Flaschen, Gläser und Decken sind flächig in bunten, aufeinander abgestimmten Farbtönen wie Rosa, Orange, Türkis, Maigrün und Ultramarin dargestellt. Bei so einer Fülle spielen Details keine Rolle.

3. Es reicht zum Beispiel bei den Postkarten, über die skizzierten Kästchen ein, zwei Aquarellschichten zu legen. Lebendigkeit bringen unterschiedliche Strukturen und Muster, auch mal mit Buntstift reingebracht, wie bei der Decke auf dem Hocker oder dem Rollo im Fenster. Abgerundet wird die Zeichnung durch Finelinerstriche und dem Setzen von Schatten auf dem Boden im letzten Schritt.

3

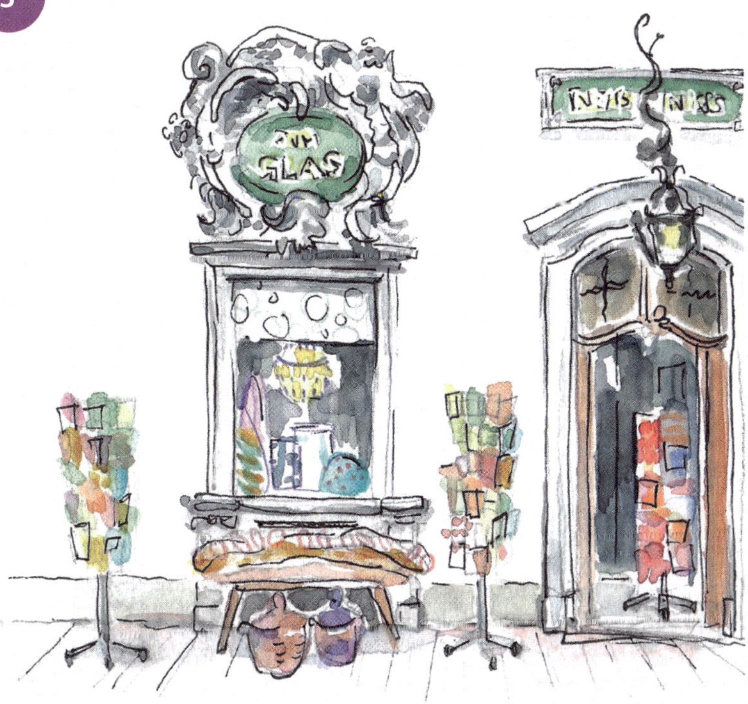

Haustüren – ein Kapitel für sich. Da könnte man auch eine Sammlung draus gestalten, so wie im nächsten Abschnitt. Ebenso aus alten Türknäufen und Türklopfern.

1. Unsere Aquarellfarben sind ein tolles Medium, um mit mehreren Lasuren die Kontraste und Wölbungen herauszuarbeiten. Nach dem Gestalten der Form mit Bleistift habe ich mit einem wässerigen Hellgrün die erste Schicht aufgetragen.

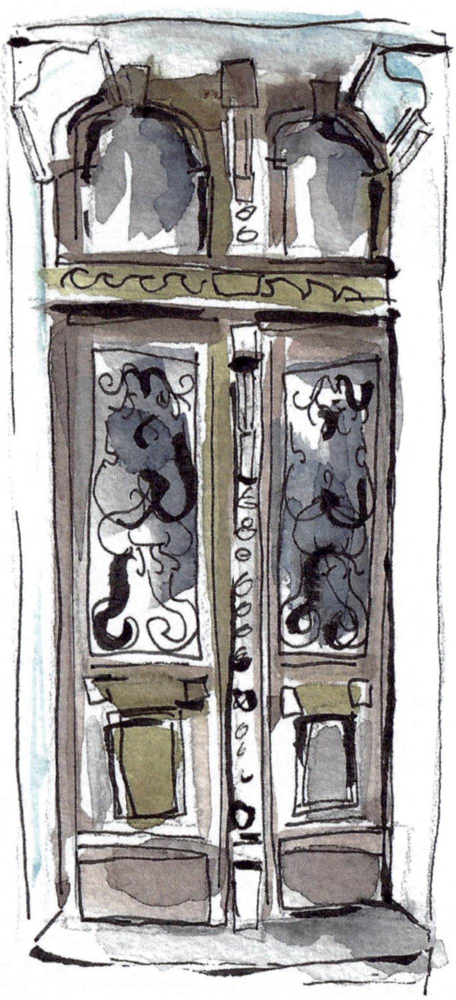

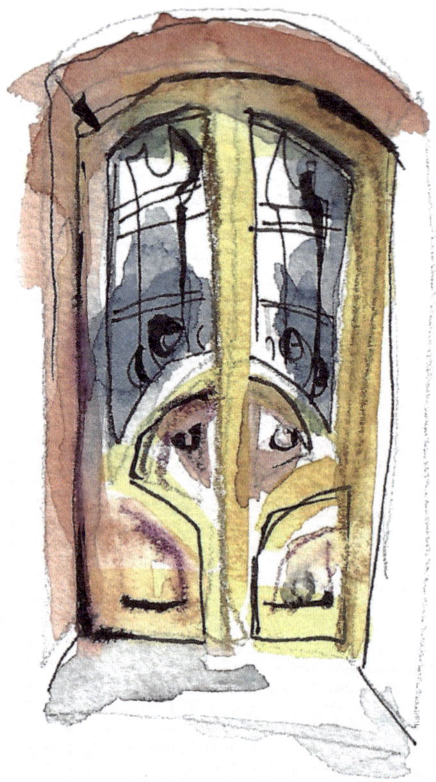

2. Es folgten weitere Lasuren und etwas Gelb für goldfarbene Details. Es ist immer wieder der konzentrierte Blick auf die Hell-Dunkel-Kontraste und das Umsetzen mit Farbe, das unsere Motive – in diesem Fall einen Löwenkopf – plastischer wirken lässt.

3. In der Schlussversion erkennst du den Einsatz dunkler Buntstifte (Violett und Grün) zur Herausarbeitung einzelner Konturen.

TIPP

Für Gold- und Messingfarben kombiniere ich gern meine Gelbtöne mit grünen und blauen Farben.

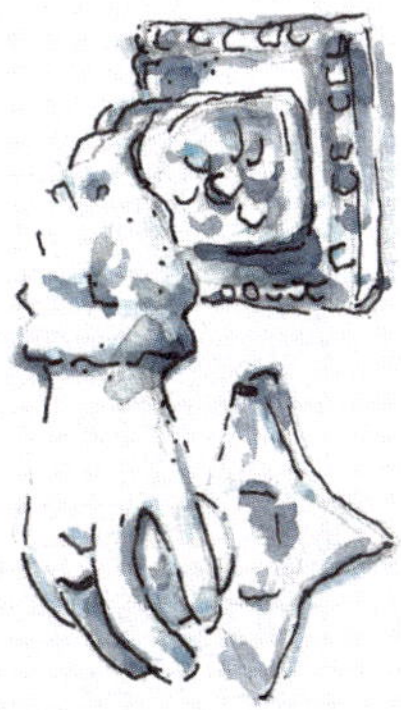

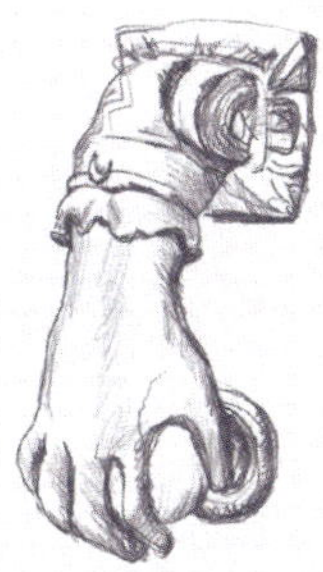

1

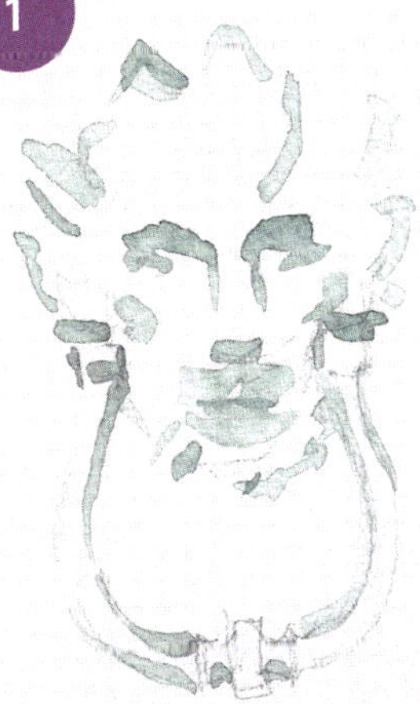

2

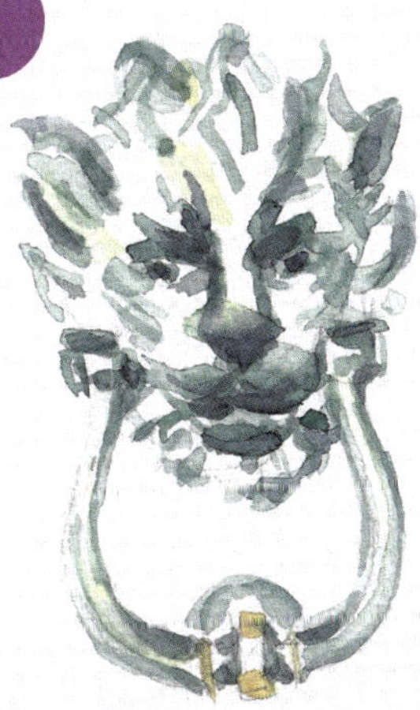

3

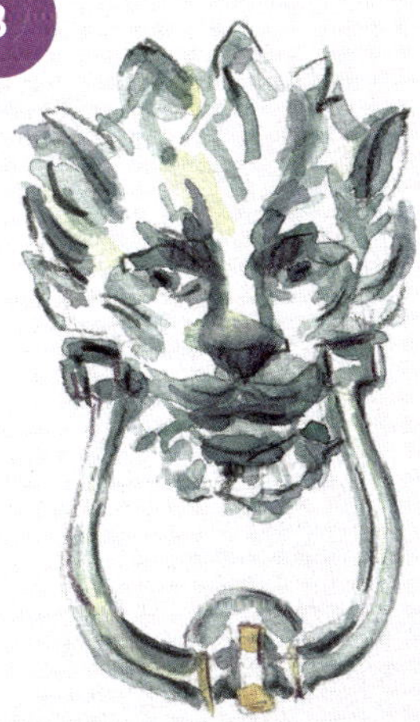

1. Bei diesem alten und daher sehr abgegriffenen Türknauf handelte es sich um einen Löwenkopf, dessen Züge kaum noch zu erkennen waren. Da half wieder die Konzentration auf die Hell-Dunkel-Kontraste, um diese herauszuarbeiten. Die Bleistiftskizze unter den Lasuren unterstützt zusätzlich die Definition von Formen.

2. Zu dem Englisch-Venezianisch Rot fand ich den wasservermalbaren violetten Buntstift sehr passend, um die dunkelsten Stellen noch weiter herauszubringen. Durch das Vermalen in einigen Bereichen entsteht ein interessanter Mix aus Linien und Flächen.

3. Es fehlen nur wenige Akzente zur Vervollständigung des Türgriffs. Diese habe ich mit einem rotbraunen Buntstift sparsam gesetzt. Zwar fallen sie kaum auf, machen aber einen feinen Unterschied.

1

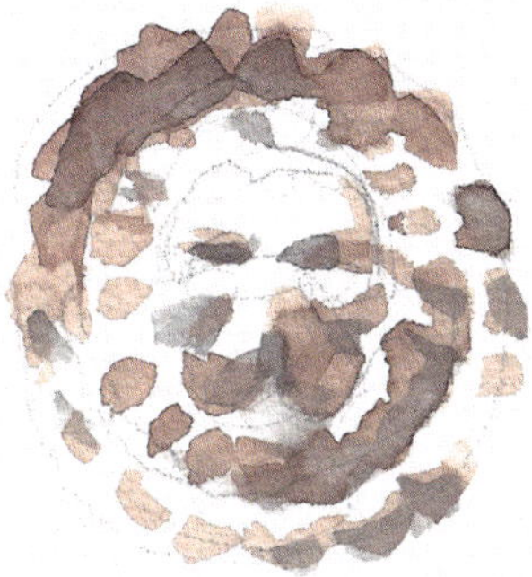

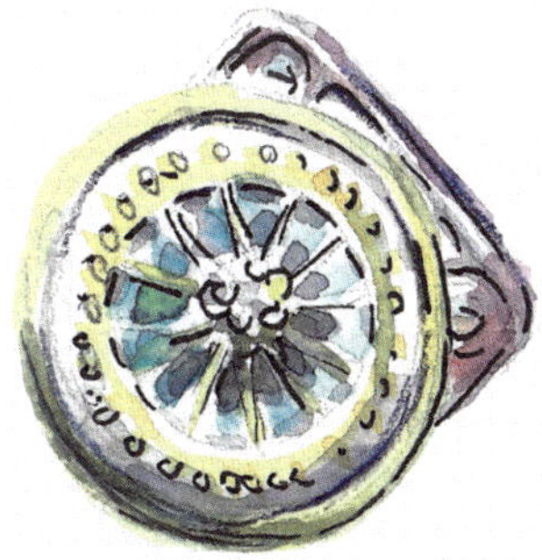

2

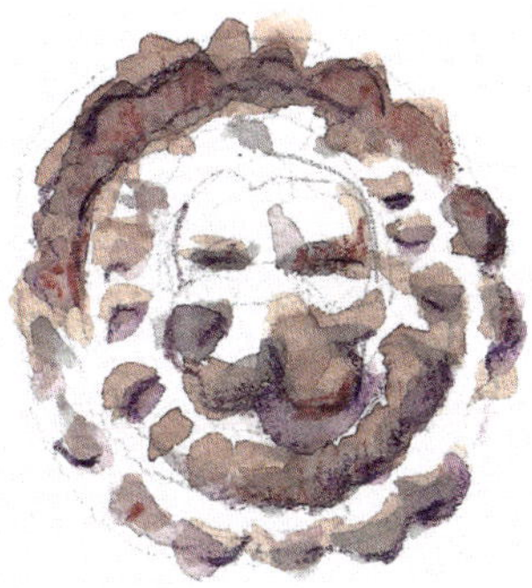

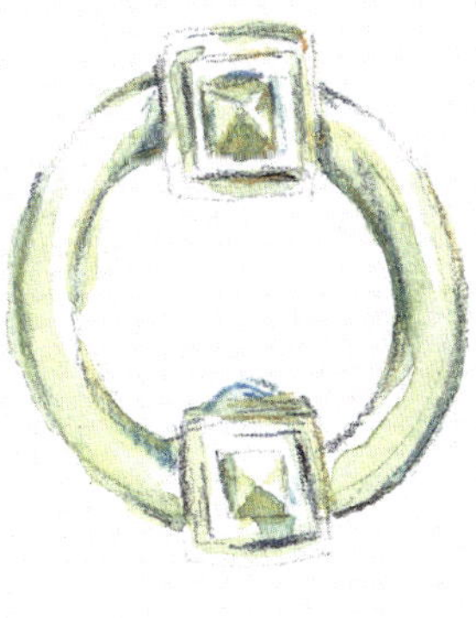

3

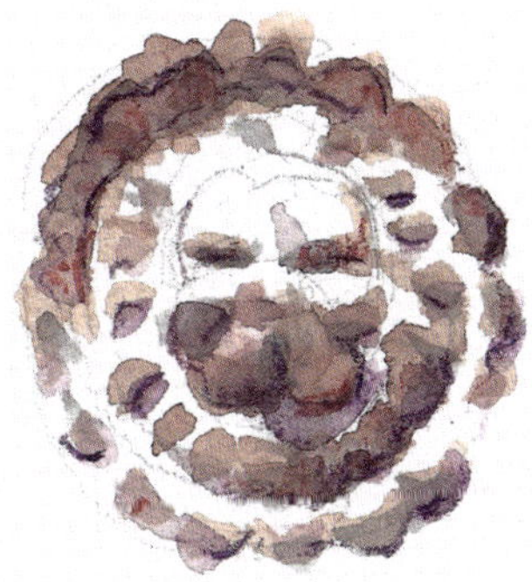

Sammeln

Sammeln kann man vieles und nicht nur real, sondern auch zeichnerisch. Vielleicht hast du eine Vorliebe für Straßenlaternen, Graffitis oder Fahrzeuge? Damit lassen sich interessante Seiten in deinem Skizzenbuch gestalten.

So könnte beispielsweise eine Doppelseite mit den Türknäufen, Erkern und Türen aus dem vorangegangenen Absatz aussehen. Um die Seiten nicht wie Kraut und Rüben aussehen zu lassen, ist es hilfreich, du machst dir vorher einige Gedanken über die Aufteilung.

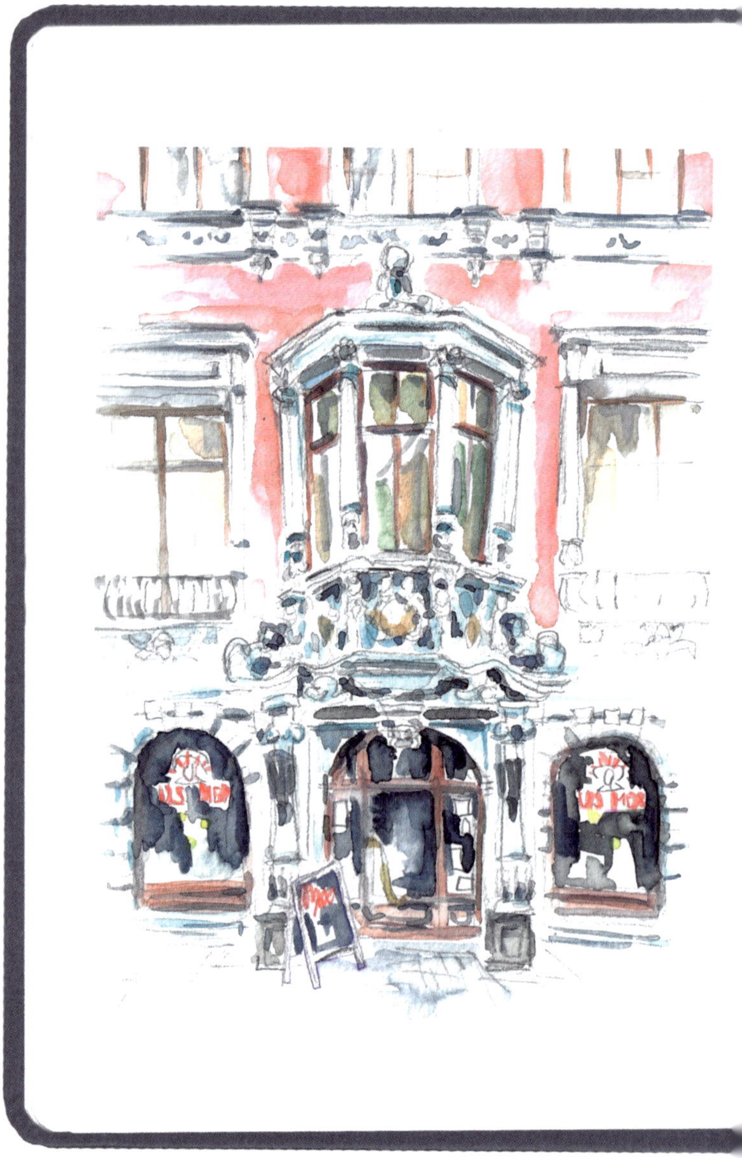

Ich habe mich auf der linken Seite für ein komplexes Motiv entschieden und die rechte Seite mit kleineren Details gefüllt. Dabei stellt der rosafarbene Erker rechts oben zum – ähnlich gefärbten – Haus links ein verbindendes Element dar. Die Türknäufe und -klopfer sind untereinander platziert, die beiden Türen – unterschiedlich groß – bilden nebeneinander rechts unten den Abschluss.

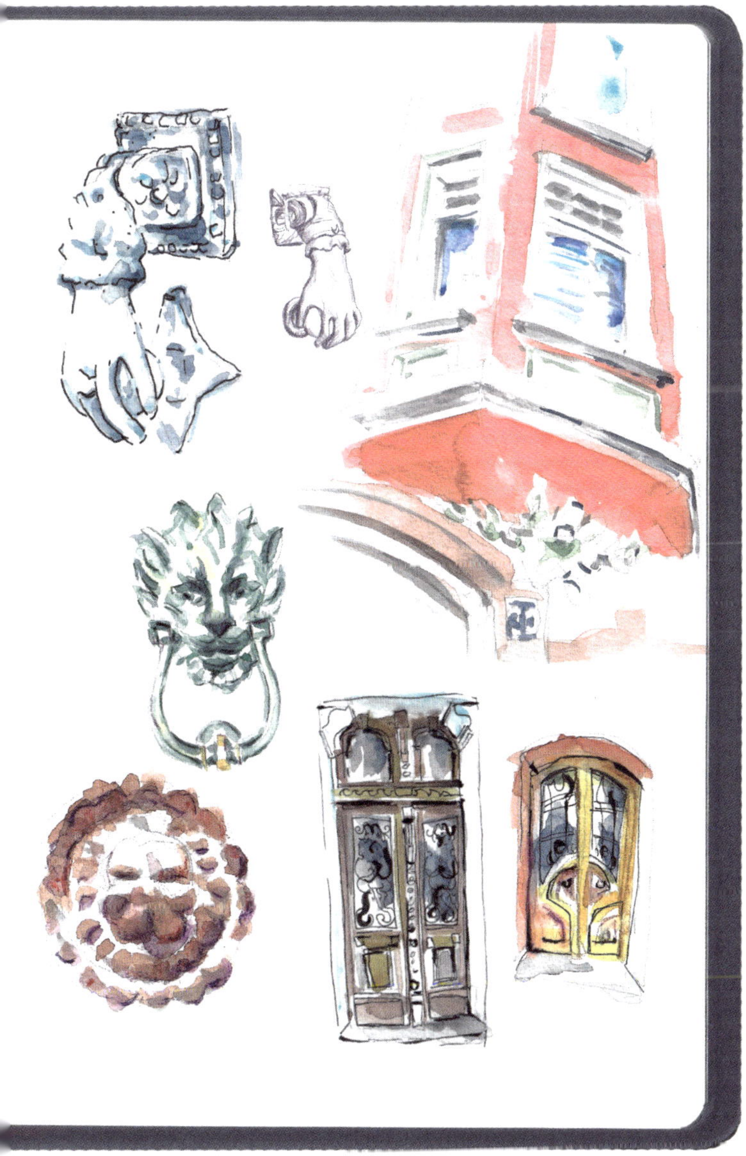

Ich wusste bis vor Kurzem gar nicht, dass es mir Freude macht, Fahrzeuge zu zeichnen, denn ich interessiere mich nicht besonders für Automarken und dergleichen.

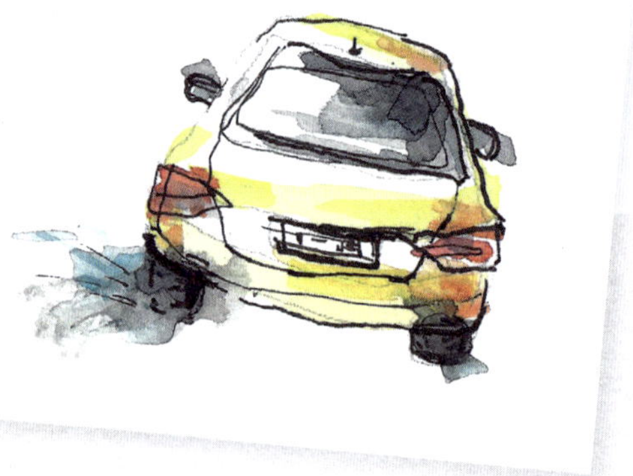

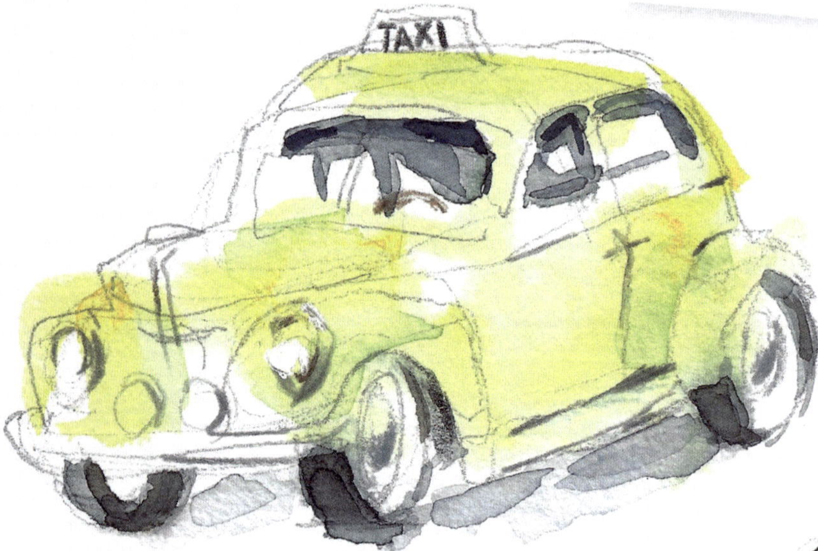

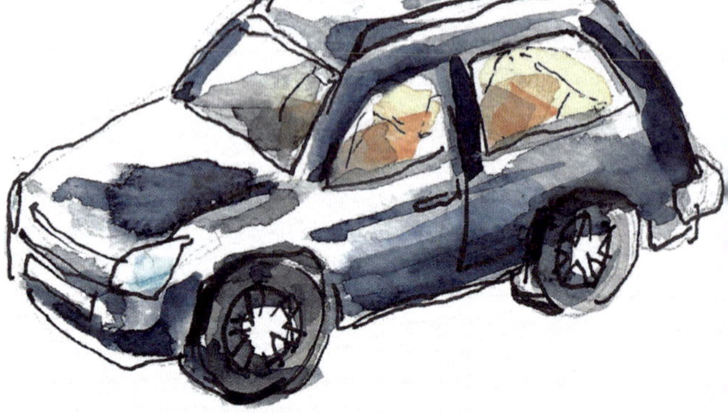

Was den meisten beim Zeichnen von Autos Schwierigkeiten bereitet, sind die Räder und Reifen, die sich je nach Blickwinkel in Ellipsen verschiedenster Ausrichtungen (in der Zeichnung in Rot) verwandeln können. Nur Mut! Hier kann uns wieder unser Stift weiterhelfen, mit dem wir die Diagonale (in der Zeichnung die blaue Linie) bestimmen. Du erinnerst dich? Bei meinen vier Tipps (s. S. 19) habe ich dir empfohlen, deinen Stift so in die Luft zu halten, dass er optisch in Deckung zu deinem Motiv steht. Auf die Weise erhältst du Klarheit über den Neigungsgrad von Winkeln und kannst sie in der Größe vermessen.

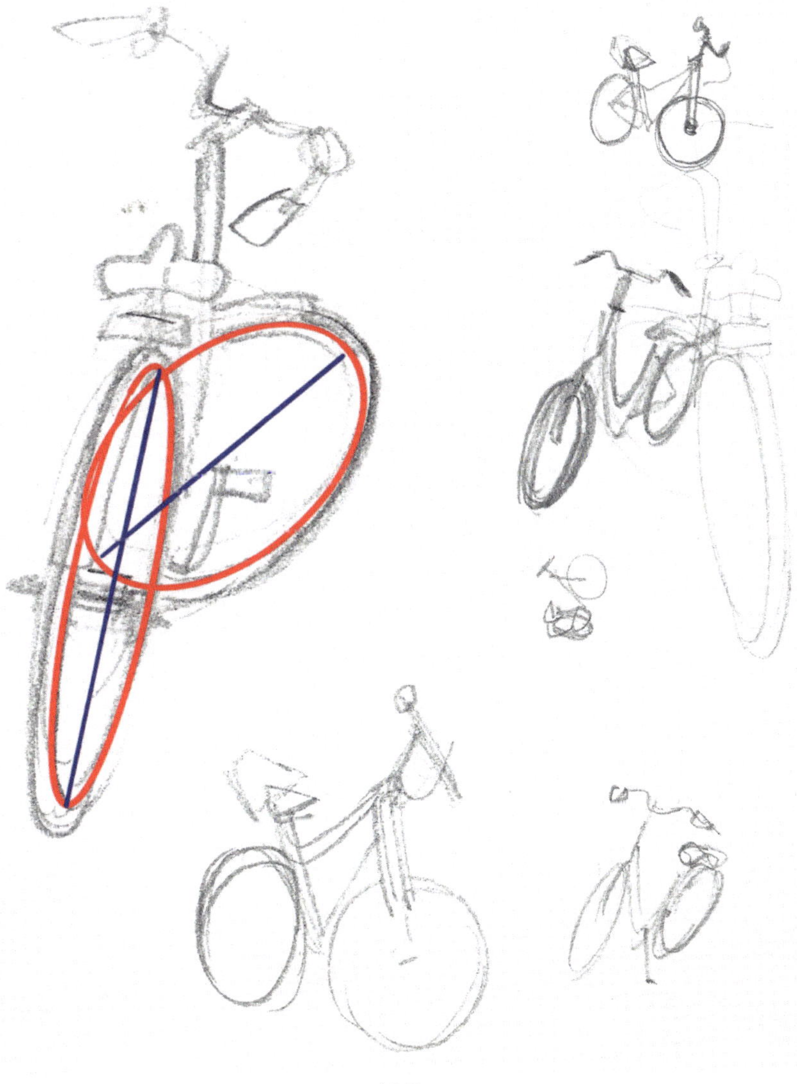

Außerdem sollten wir im Hinterkopf behalten, dass Ellipsen erstens immer symmetrisch sind und zweitens niemals eckig. Tja, und das wäre es auch schon zu diesem Thema. Ansonsten würde ich sagen, zeichne lieber etwas falsch, als überhaupt nicht. Und es ist noch nie der sprichwörtliche Meister vom Himmel gefallen. Das ist zwar sehr schade, aber leider wahr.

TIPP

Es spricht nichts dagegen, absichtlich etwas »falsch« zu zeichnen. Und es macht Spaß! Sogar so viel, dass ich die Zeichnung im Anschluss koloriert habe.

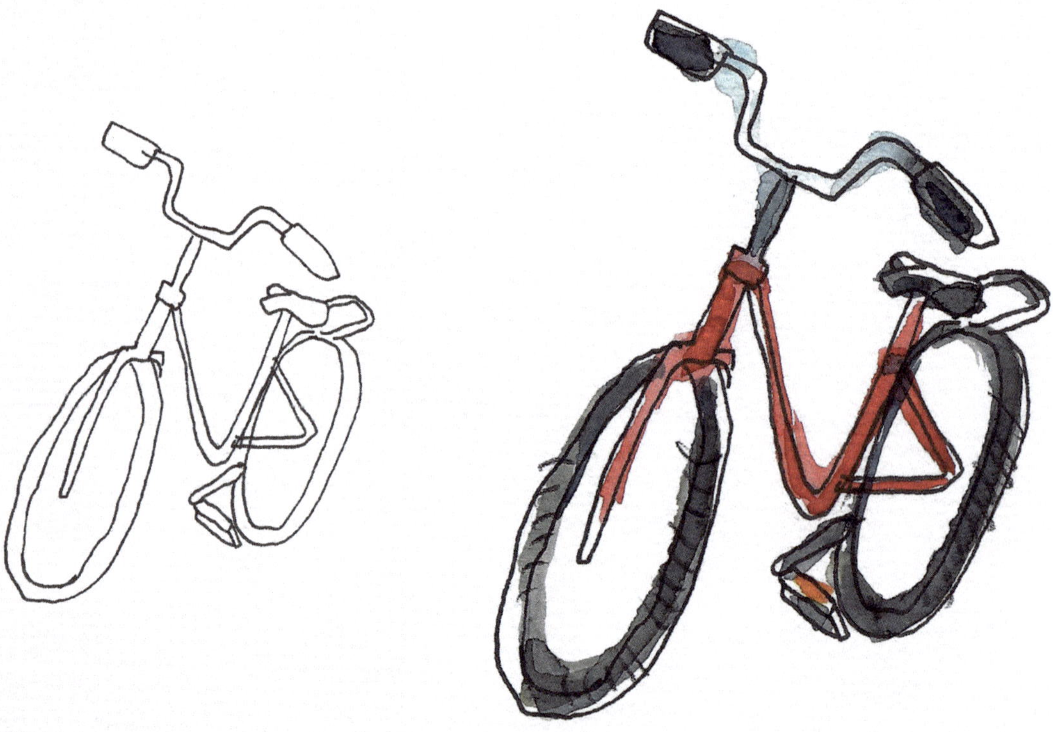

1. Dieses Fahrrad zu zeichnen, fand ich ganz schön tricky, weil die Räder so fies in verschiedene Richtungen zueinander stehen. Ich habe deshalb vorab mit einer Skizze die Proportionen und Verhältnisse geklärt.

1

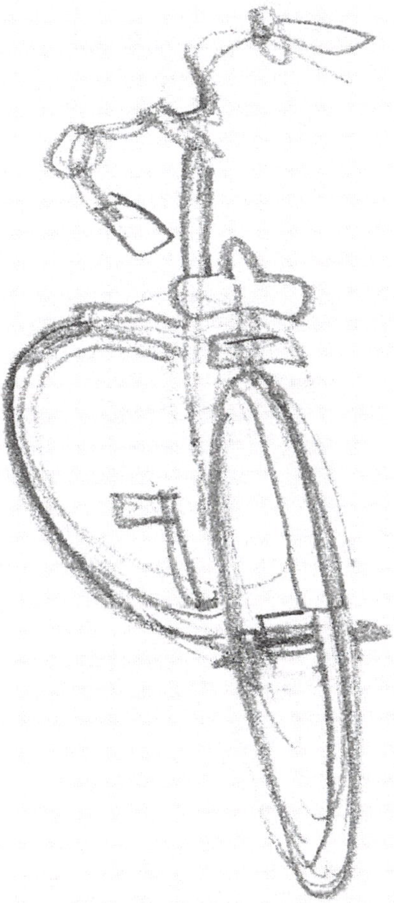

TIPP

Möchtest du es dir einfacher zu machen, verwende ein Foto von deinem Modell und pause die Räder (digital oder auf dem Papier) zur Verdeutlichung durch. Wahrscheinlich wirst du staunen, wenn du die unterschiedlichen Ellipsen siehst und in welchem Abstand sie sich zueinander befinden. Mit dieser neuen Erkenntnis gehst du nun frisch ans Werk.

2

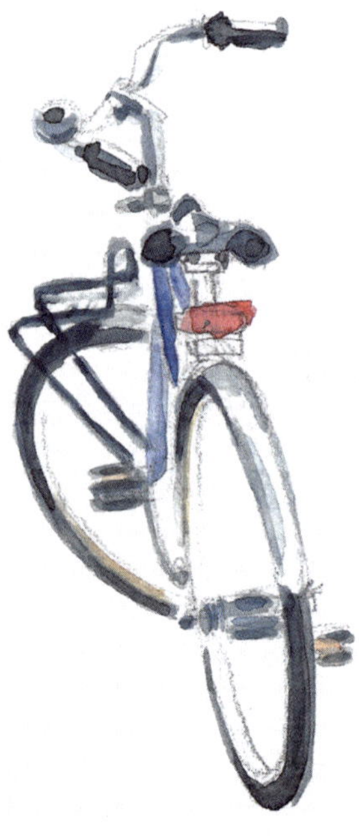

3

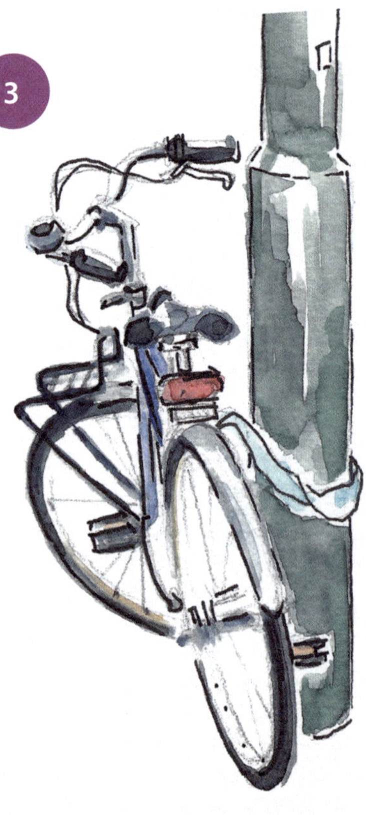

2. Wahrscheinlich ist dir aufgefallen, dass ich den Vorderreifen nicht ganz durchgezeichnet habe. Für mich besteht die Kunst meistens im Weglassen zugunsten optischer Klarheit. Das Auge denkt schon mit. Und mir war auch klar, dass ich dem Rad später noch Speichen zeichne. Übersehen hatte ich leider, dass ich die Achse nicht mittig platziert hatte.

3. Es folgten der Laternenmast sowie Konturen mit schwarzem Fineliner. Die Achse habe ich dank etwas Deckweiß weiter nach oben gesetzt. Die Räder bekamen Speichen mit Bleistift, den ich gern auch als eigenständiges Medium einsetze und nicht nur zum Vorzeichnen verwende. Hier eignet er sich besser als Fineliner, wie ich finde, da er weniger dominant auftritt.

4. Das Schutzblech bekam noch etwas Türkis und das Fahrradschloss etwas Struktur mit blauem Buntstift. Solche kleinen Strichelchen sind die Kirsche auf der Torte und können deine Zeichnungen immer noch ein wenig pushen.

Übrigens war die Ellipse des Hinterrades noch viel schmaler als auf meiner Zeichnung, aber stört uns das?

4

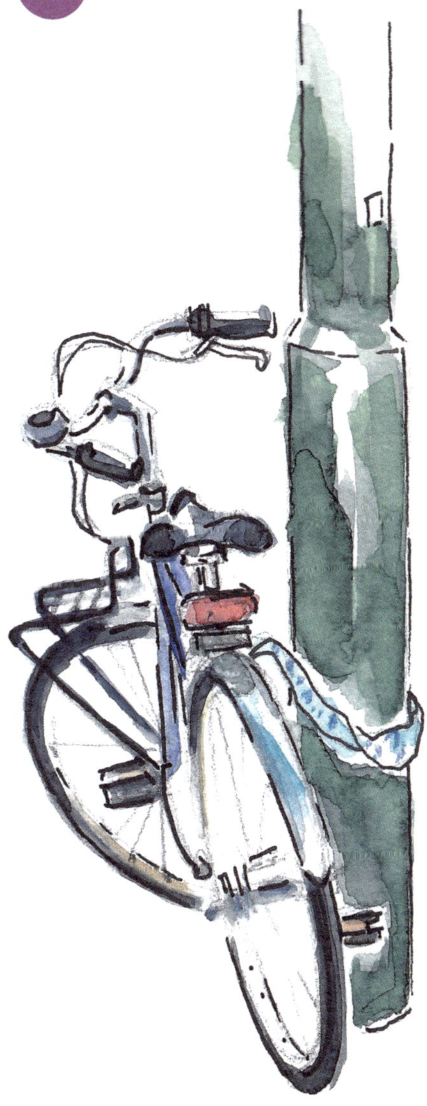

1. An diesem Roller hatte ich ebenfalls meine Freude. Alles ist so schön rund und kompakt. Diese Freude machte sich auch gleich an der Vorzeichnung bemerkbar, die auf Anhieb saß.

2. Es folgte ein erster Anstrich mit Grau und Maigrün, wie immer mit dem Fokus auf den Kontrasten von hell und dunkel.

3. Weitere Lasuren in gleichen Farbtönen machen den Roller plastisch, Rot und Orange für die Leuchten und Rückstrahler bringen einen reizvollen Kontrast mit hinein. Gut gefällt mir das Stehenlassen der Bleistiftlinien. Am Vorderlicht habe ich bereits mit dem Fineliner begonnen, Konturen zu setzen.

4. Nun ist er komplett, der kleine Roller! Mit zwei verschiedenen Finelinerstärken sind noch mehr Konturen herausgeholt worden. Und der Vorderreifen bekam sogar ein wenig Profil. (Wir hatten das ja bereits beim Fahrrad besprochen, dass ein wenig Textur unsere Zeichnungen bereichern kann.)

1

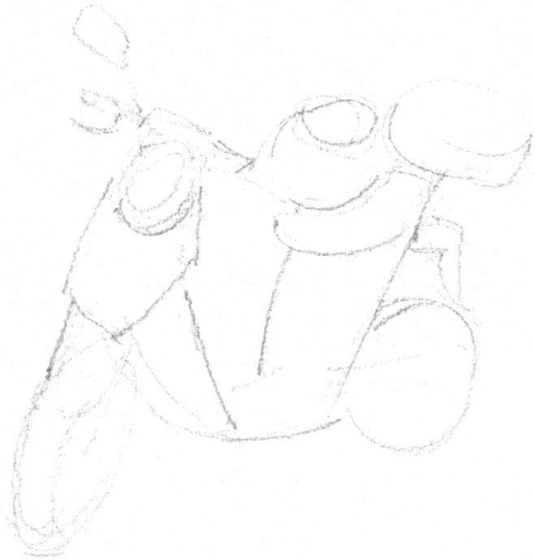

2

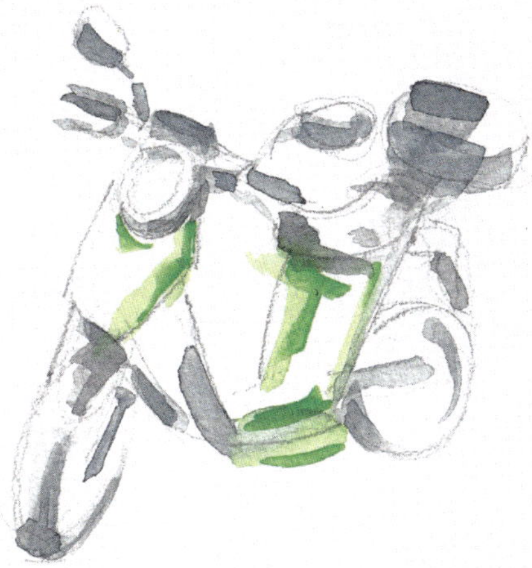

3

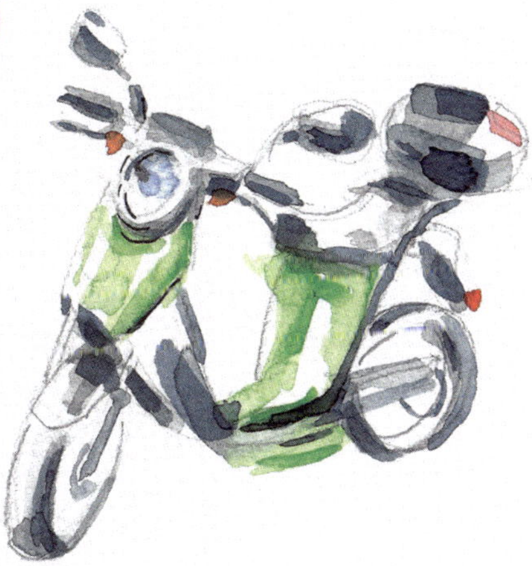

4

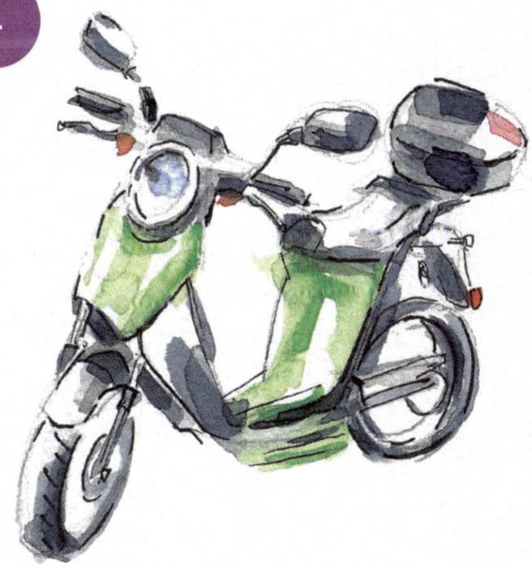

Wie wäre es nun zur Abwechslung mit Straßenschildern? Niemand würde sie wahrscheinlich fotografieren, aber gezeichnet wirken sie viel interessanter als auf einem Foto.

1. Hier ein Straßenschild von hinten mit darunter montiertem Mülleimer. Alles ein bisschen schief, weil ich das so gerne mag. Darunter angedeutet ein paar Pflastersteine und Gras. Auch hier habe ich auf den Lichteinfall von links geachtet und dort keine Farbe aufgetragen.

2. Eine einfache Bleistiftzeichnung, die für sich stehen kann. Ganz klar ist natürlich ein Gebäude größer als ein Straßenschild. Aber wie bereits besprochen, klären sich durch die Größenverhältnisse von Schild und Gebäudekuppel Vorder- und Hintergrund.

1

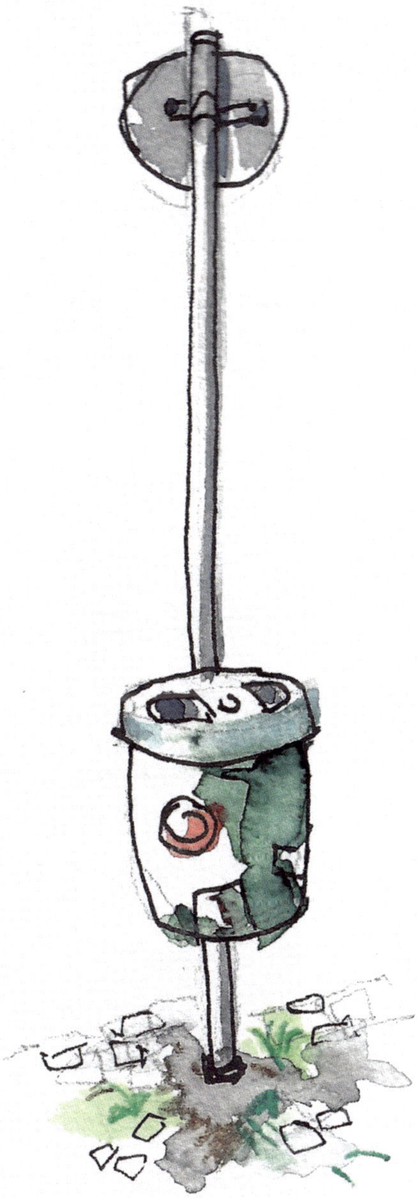

2

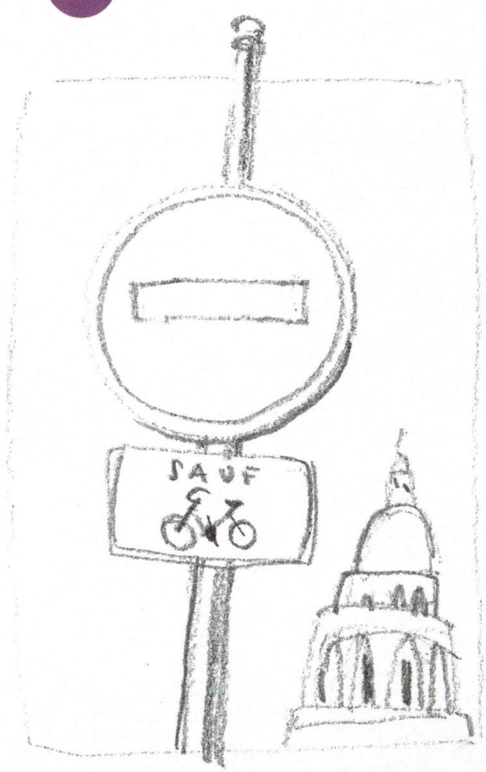

Straßenschild von hinten plus Straßensperre. Im wirklichen Leben mögen wir die nicht, wenn wir unterwegs sind. Als Motiv fand ich dieses Ensemble allerdings reizvoll, besonders in dem Kontrast von geometrischer Exaktheit der Objekte und dem lockeren Strich, auch mit der Aquarellfarbe.

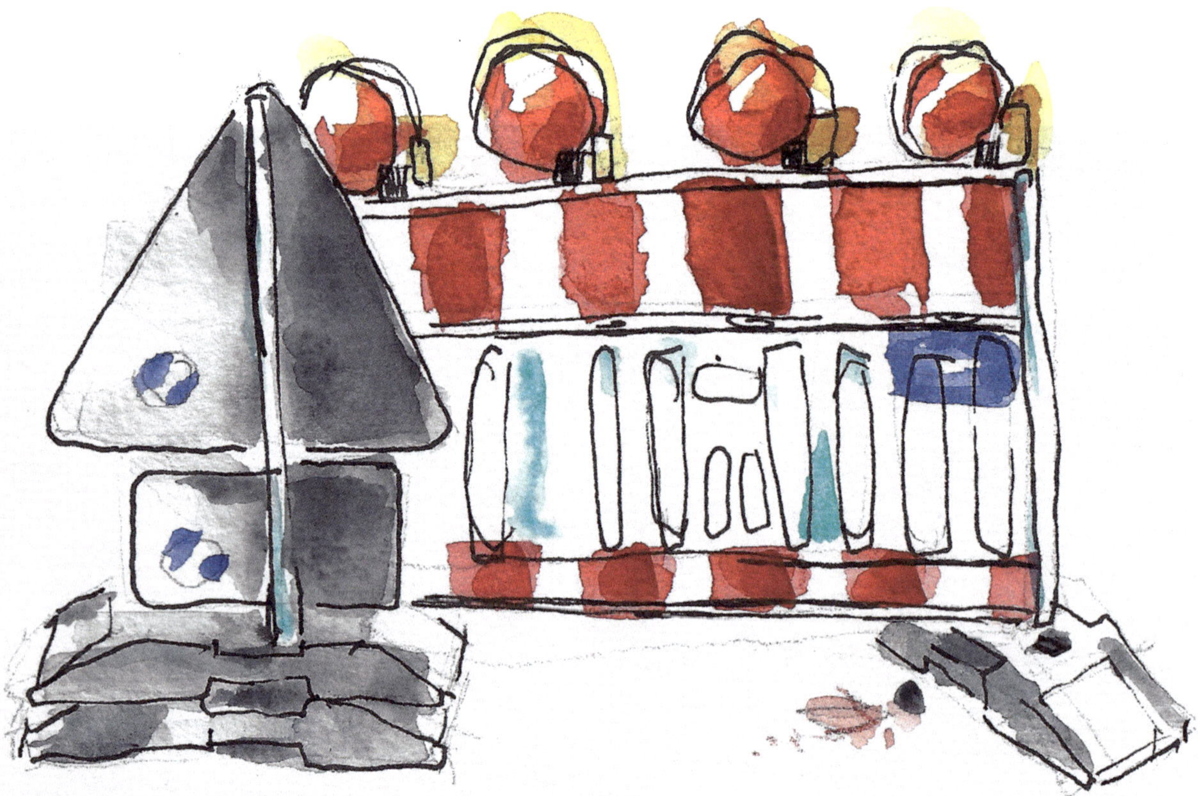

Ganz schön wild diese Seite. Wir sehen verschiedene Zeichenstile, teilweise überlappen sich die Zeichnungen sogar und laufen über die eine Seite zur anderen. Doch thematisch passt alles zusammen: zwei- und vierrädrige Fahrzeuge, dazu einige Straßenschilder für etwas Straßenverkehrsatmosphäre.

TIPP

Falls du gerne nach Themen deine Motive im Skizzenbuch sammelst, halte dir einige Seiten frei, an denen du immer wieder arbeiten und ergänzen kannst. Doppelseiten müssen nicht in einem Rutsch entstehen!

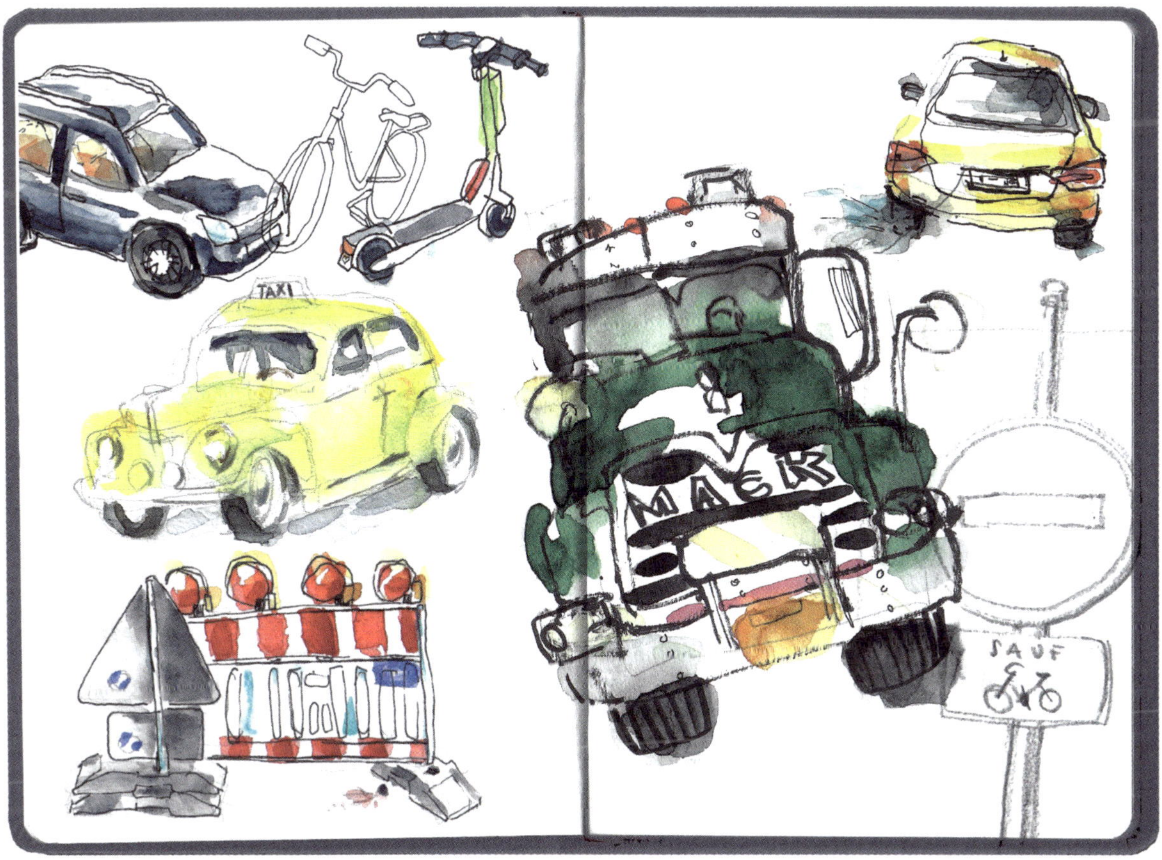

Auch hier geht der Roller über beide Seiten und macht optisch aus zwei A5 Seiten ein A4 Blatt. Das wirkt immer großzügig. Zusammen mit dem Verkehrsschild und dem daran befestigten Mülleimer ergibt das eine kleine Straßenszene. Auf der rechten Seite habe ich einige Vorskizzen als gestalterisches Element integriert, darunter auch ein Fahrrad. Das macht die Seiten locker und lebendig. Denkbar wäre noch ein Schatten und/oder Text zur weiteren Ausgestaltung. Mir hat es allerdings so sehr gut gefallen.

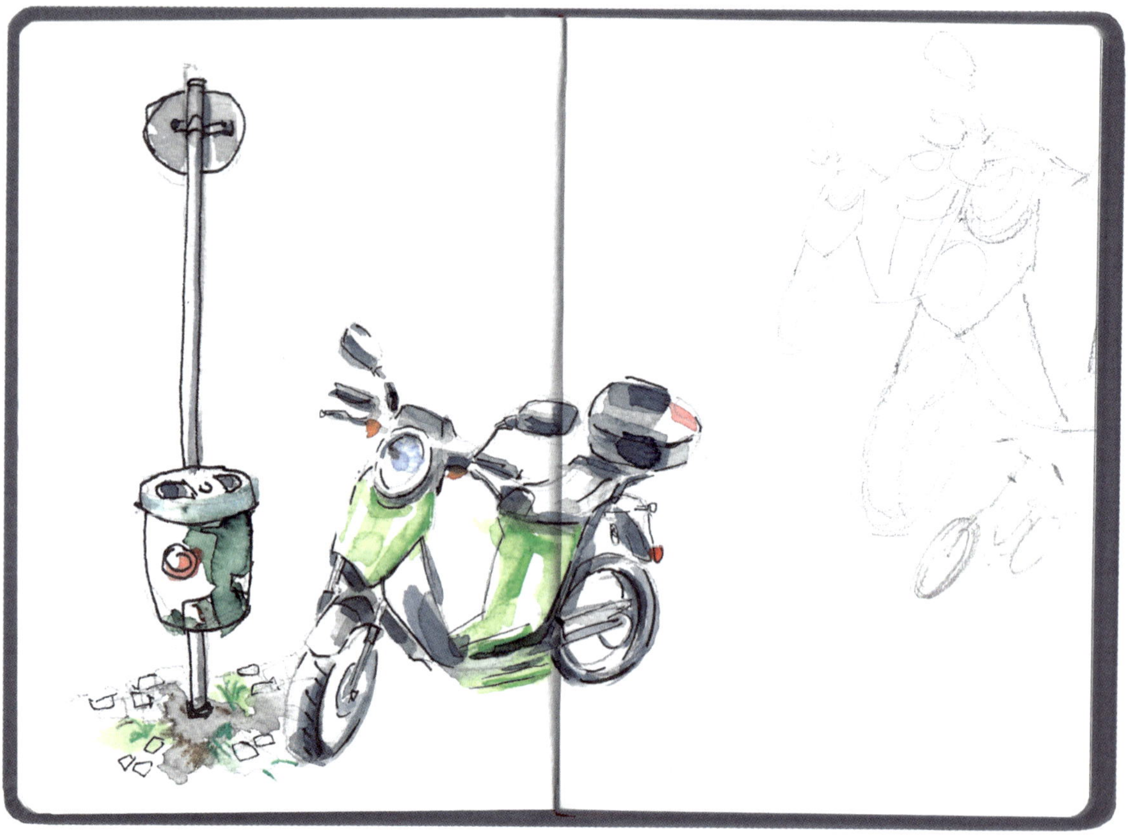

Wenn es schön aufgeräumt sein soll, tu es in eine Box – wie hier zum Beispiel. Die Kästchen habe ich zuerst eingezeichnet und später die Fahrzeuge eingefügt. Es sollte nicht zu streng und formalistisch wie ein Formular oder Comic wirken. Daher habe ich Freiräume gelassen, um Motorrad und Roller auch ungerahmt miteinzubauen. Wichtig war mir auch, dass nicht alle Fahrzeuge in dieselbe Richtung schauen, die Farbigkeit ausgewogen ist und verschiedene Zeichenstile zum Einsatz kommen. Und: Die einzelnen Motive sollten ruhig auch ihren Rahmen sprengen dürfen oder angeschnitten sein.

TIPP

Probiere mit Thumbnails, kleinen Vorschaubildern, die Wirkung deiner gerahmten Skizzen aus. Dafür benötigst du kein Schmierblatt, sondern ebenfalls dein Skizzenbuch. Wir hatten ja besprochen, dass darin experimentiert werden darf.

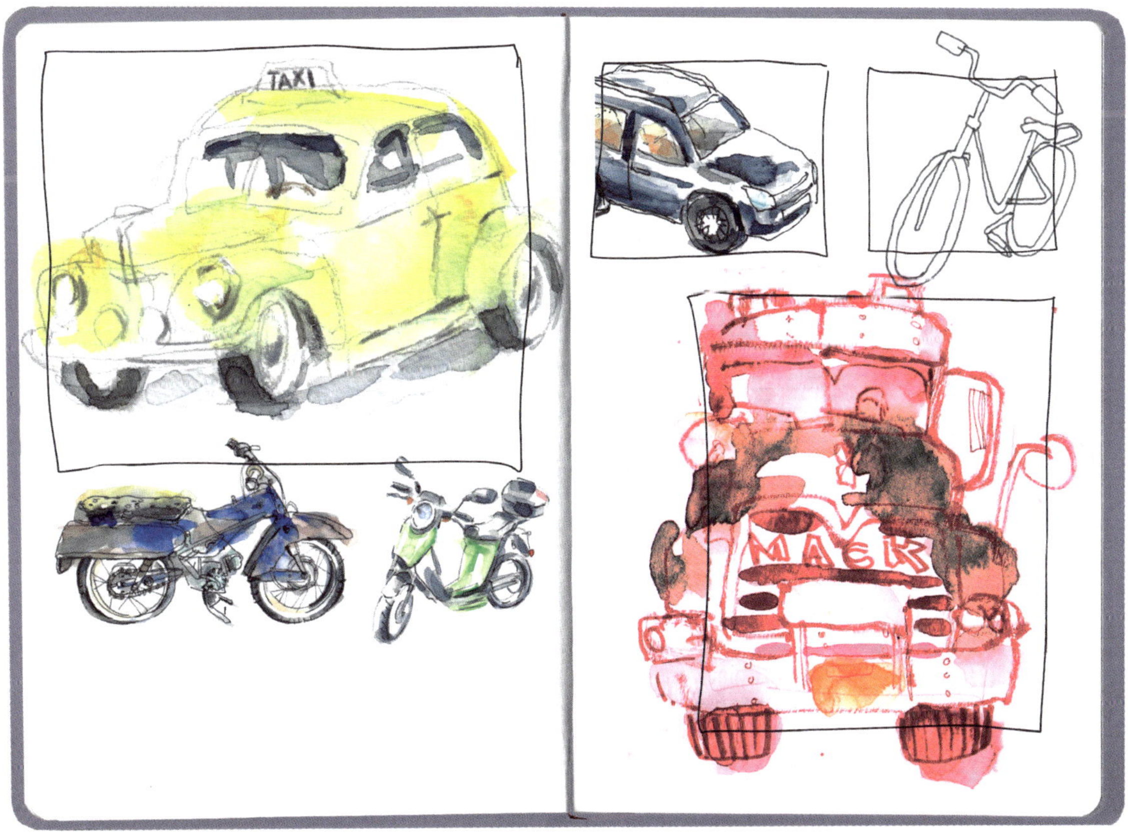

Sei dabei

Die meisten von uns machen mit ihrem Smartphone Selfies, aber das geht auch mit Pinsel und Stift ganz einfach. So zeigst du in deinem Skizzenbuch »Ich war hier!«. Eine Skizze, genauso wie wir das bei unseren Figuren geübt haben, reicht völlig.

Hier habe ich mich vor dem Berliner Dom gezeichnet, schnell und ohne Ähnlichkeit. (Der Schwerpunkt der Wiedererkennbarkeit liegt eher auf den Accessoires wie Brille und Kette.)

Vielleicht polierst du mit einem Selfie auch ein ansonsten langweilig gewordenes Motiv auf, wie hier diesen Kran? So einen wollte ich schon immer aufgrund der herausfordernden Konstruktion zeichnen. Anschließend stellte ich fest, so spannend sieht das gar nicht aus. Ein Porträt

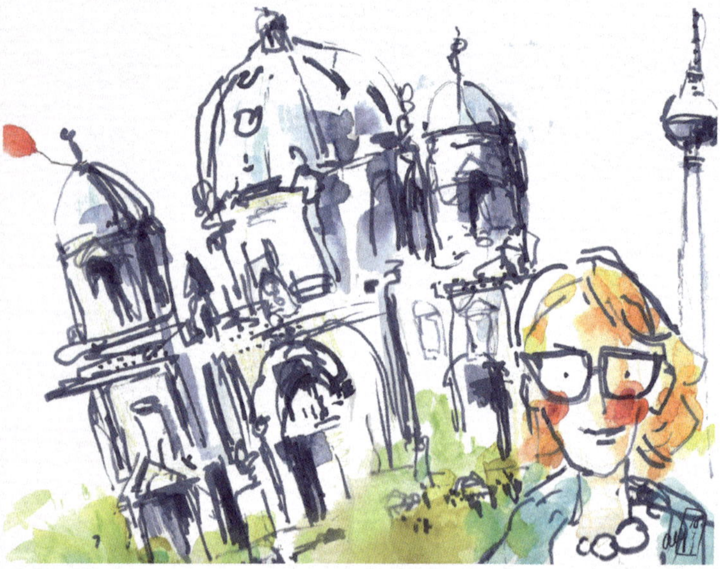

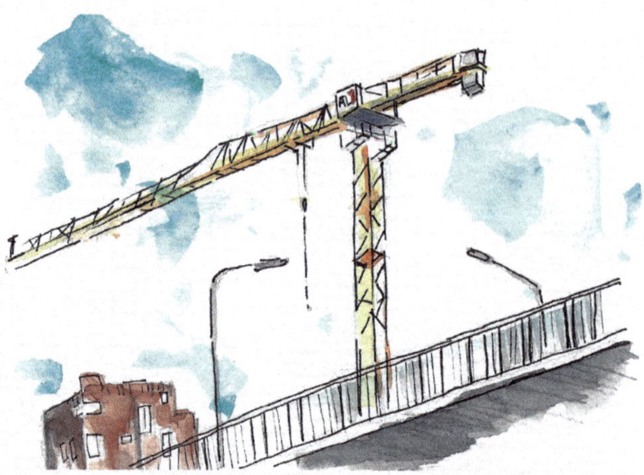

(in diesem Fall nicht ich, spielt aber keine Rolle) reißt es wieder raus. Vergleich doch mal die beiden Zeichnungen.

Hier noch eine weitere Idee, falls du mal keine Gesichter zeichnen möchtest. Ich hatte früher die Angewohnheit, beim Fotografieren meine Füße abzulichten. Sie tauchten überall auf, ob barfuß oder in Stiefeln, auf dem Straßenpflaster oder im Sand. Und so kannst du das auch in deinem Skizzenbuch handhaben. Platziere deine Füße (oder Hände!?) auf einer Seite deines Skizzenbuchs oder mache sie zum Bestandteil einer Motivsammlung.

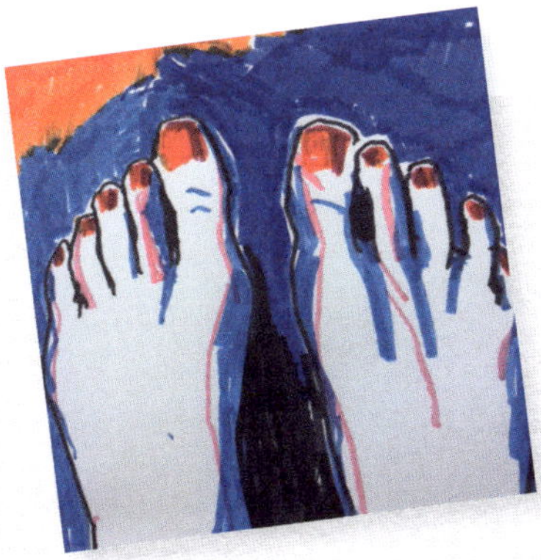

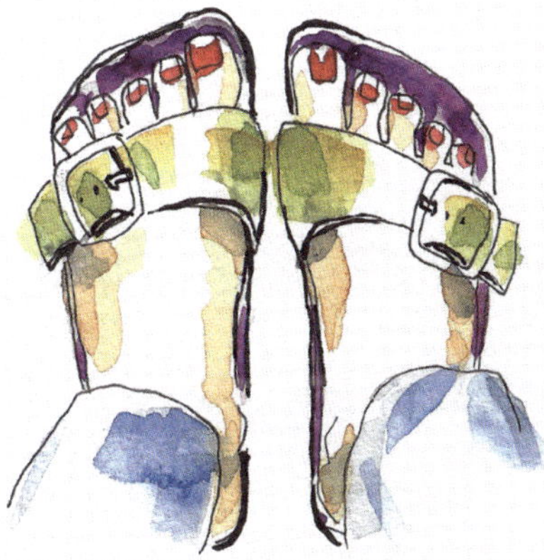

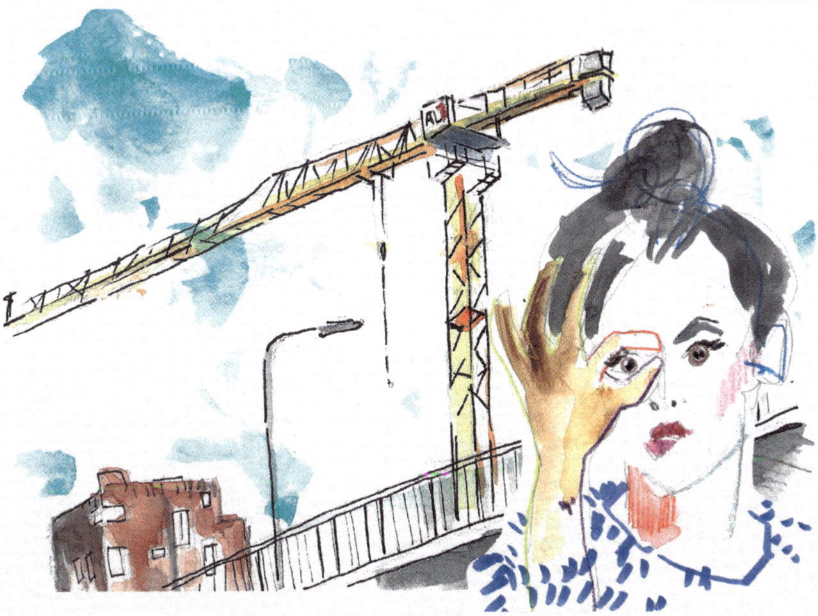

Erzähl eine Geschichte

Du hast es sicherlich schon bemerkt: Selbst wenn wir nichts dazu schreiben, mit unseren Urban Sketches erzählen wir Geschichten. Betrachtende sehen, wo wir waren, erspüren vielleicht sogar die Atmosphäre und wie wir uns an dem Ort gefühlt haben. Und auch wir als Zeichnende erinnern uns meistens mehr an unsere gezeichneten Erlebnisse als an die fotografierten.

Ich habe dir bereits einige Beispiele hier im Buch gezeigt. Mal waren es schnelle Notizen, mal ein paar kurze Sätze. Du kannst beim Vergleich der Versionen mit und ohne Text auch sehen, Schrift ist ebenfalls ein Gestaltungsmittel. Durch ihre Anordnung und Farbe trägt sie zur Gesamterscheinung bei. Deshalb sollten wir auch darauf ein paar Gedanken verwenden.

Musst du dafür extra Kalligrafie, die Kunst des Schönschreibens, erlernen? Ich möchte dich nicht bremsen. Aber wenn du deshalb das Schreiben auf die lange Bank schiebst oder es gar nicht tust, dann lege lieber mit deiner ganz normalen Handschrift los. Bleib einfach locker! Wie schon zu Beginn besprochen, ist unser Skizzenbuch keine Präsentationsmappe. Wir wollen darin unsere zeichnerische Freiheit nutzen und experimentieren.

Meine Schrift finde ich oft überhaupt nicht schön (mein Mann nennt sie auch noch unleserlich), aber ich habe mich durchs Zeichnen mit ihr angefreundet und manchmal gebe ich mir sogar Mühe. Das kann so aussehen, dass ich bewusst eine Art Schulschreibschrift verwende, mir eine Fantasieschrift überlege oder Druckbuchstaben schreibe.

Wollen wir unsere Zeichnungen mit Text ergänzen, ist die große Frage: Was schreiben? Am reizvollsten finde ich, statt Zahlen, Daten, Fakten (»Der Rhein ist soundso viele Kilometer lang.«) eine kleine Geschichte. Das macht viel mehr Spaß – ich möchte mich doch nicht selbst langweilen! Eine Anekdote aus deinem Alltag zum Beispiel. Dafür brauchst du nicht den Nobelpreis in Literatur. Vielleicht hast du im Café am Nachbartisch einen ulkigen Satz aufgeschnappt und notierst ihn dir in deinem Skizzenbuch. Oder dir kommt in den Sinn, dass du vor Jahren schon einmal diesen Ort besucht hast. Du siehst, ich meine damit ganz alltägliche Gedanken und Situationen, die unsere Zeichnungen aufs Schönste abrunden können. (Solche Texte sind ausschließlich für mich, und ich zeige sie nur in Ausnahmefällen – so wie dir hier in diesem Buch.)

Hier ein paar Leitfragen, um dich zu inspirieren

- Was hat mich während des Zeichnens beschäftigt?
- Warum habe ich dieses Motiv ausgewählt?
- Welche Eindrücke nehme ich auf? Was sehe, höre, rieche, schmecke ich?
- Welches eine Wort beschreibt diese Szene treffend?

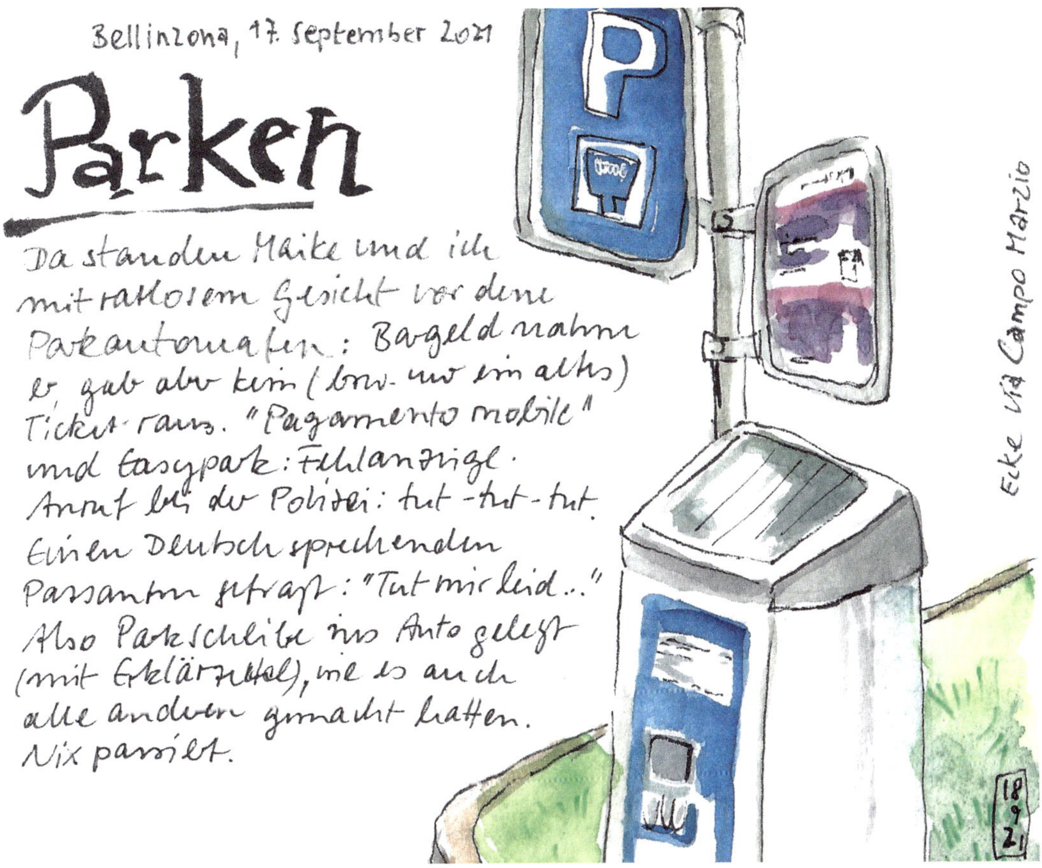

Du hast es bereits bemerkt – Geschichten entstehen bei mir ganz wie von selbst, wenn es ums Essen geht. Seiten könnte ich da vollschreiben. Aber es gibt auch noch andere Gelegenheiten, denn sobald wir unsere Heimat und damit unsere Komfortzone verlassen, stellen sich neue Herausforderungen. Mir zum Beispiel in Form von Parkvorschriften und den dazugehörigen Automaten. In Bellinzona im Tessin war das Chaos perfekt, da alle Anweisungen in der Amtssprache Italienisch waren. Leider spreche ich kein Italienisch. Aber auch nette Einheimische, die ich fragte, kannten sich damit nicht aus. Irgendwie schien der Automat auch noch kaputt zu sein, und unter der angegebenen Rufnummer der Polizei ging niemand ans Telefon.

Da die Bußen in der Schweiz recht saftig ausfallen können, ich aber auch keine andere Parkmöglichkeit fand, behalf ich mir mit einem freundlich geschriebenen Zettel hinter der Windschutzscheibe. Ist alles gut gegangen. Und es war eine nette Anekdote für mein Skizzenbuch!

Solltest du in Zürich sein, empfehle ich dir einen Spaziergang über das Gelände des Freibades Letzigraben. Es wurde in den 1940er-Jahren nach den Plänen des damals noch als Architekt tätigen Schriftstellers Max Frisch gebaut. Die Anlage hat nostalgischen Charme und ist absolut sehenswert. Besonders im Herbst, wenn dort niemand mehr badet und der Restaurantpavillon geschlossen ist.

Nach einem Spaziergang habe ich meine Eindrücke in einer Skizze festgehalten, leider auf nicht aquarellfähigem Papier. Die Farben konnten also nicht ihre Nass-in-Nass-Wirkung entfalten. Lasieren war immerhin möglich. Die Atmosphäre von Sonne, Herbstluft und verwaistem Freibad ist mir sofort wieder gegenwärtig, wenn ich meine Zeichnung sehe. Da Menschen nicht in Sicht waren, beleben Fisch und Vögel die Zeichnung.

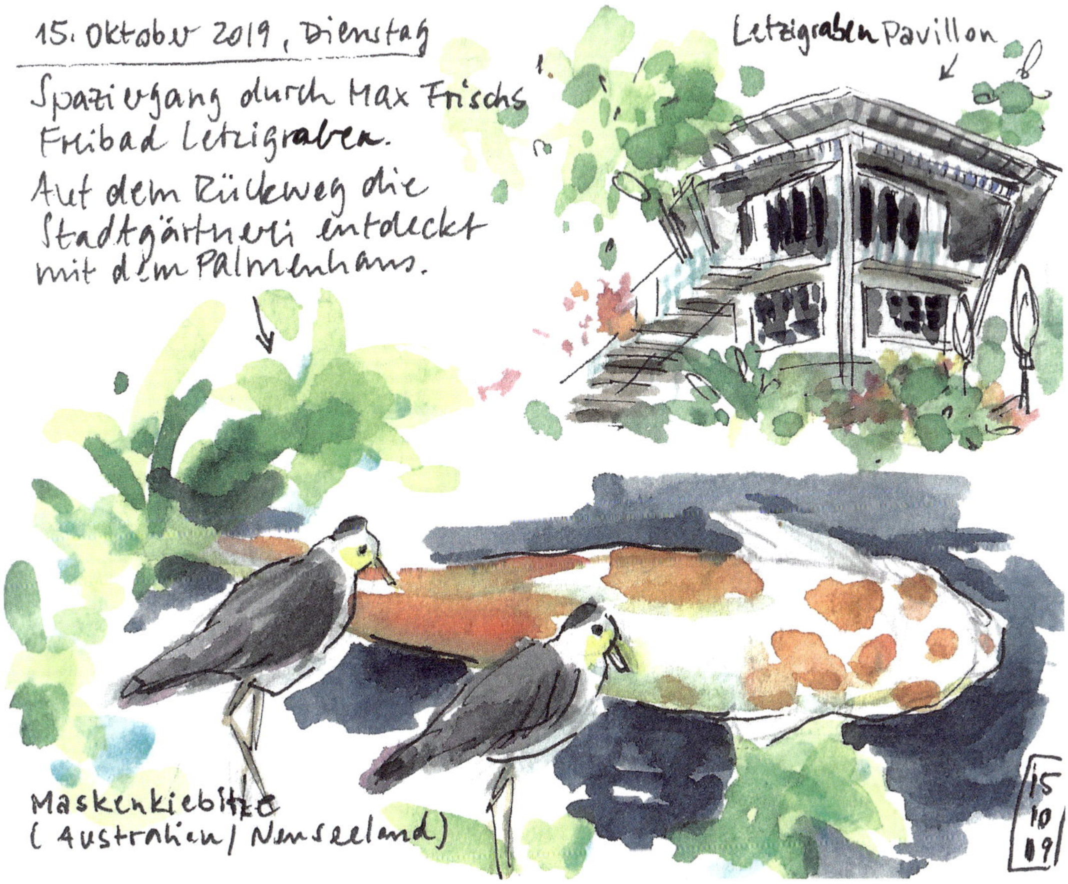
15. Oktober 2019, Dienstag
Spaziergang durch Max Frischs Freibad Letzigraben.
Auf dem Rückweg die Stadtgärtnerei entdeckt mit dem Palmenhaus.
Letzigraben Pavillon
Maskenkiebitze
(Australien/Neuseeland)
15 10 19

REGELN FÜR DIE JACKENTASCHE

Bevor wir zum Schluss kommen, möchte ich dir die wichtigsten Tipps aus diesem Buch als kleine Merkhilfe für die Jackentasche an die Hand geben. Du kannst sie abfotografiert auf dem Smartphone dabeihaben oder ausgedruckt in dein Skizzenbuch legen.

Wenn du unterwegs bist und eine Idee für dein Skizzenbuch benötigst, schaust du einfach dort nach und bekommst eine neue Inspiration. Oder du fragst dich beispielsweise, wie das mit der Perspektive war. Ach so, ist gar nicht so schwierig, erinnerst du dich: Einfach das Entfernte kleiner zeichnen.

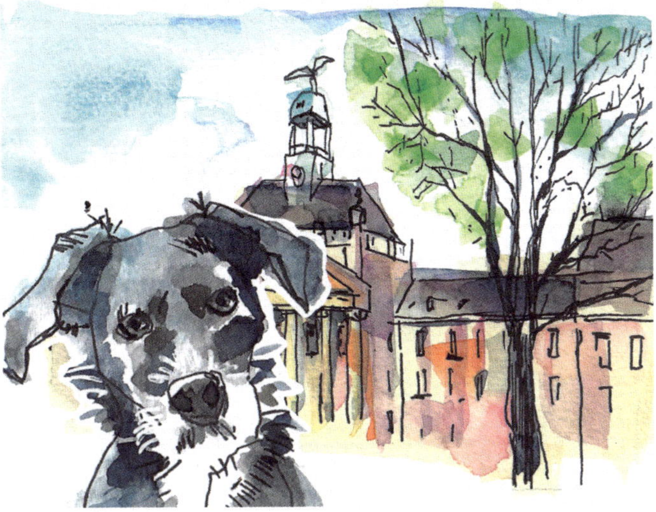

Was nah ist, erscheint größer. Zeichnungen werden durch Menschen oder Tiere lebendiger.

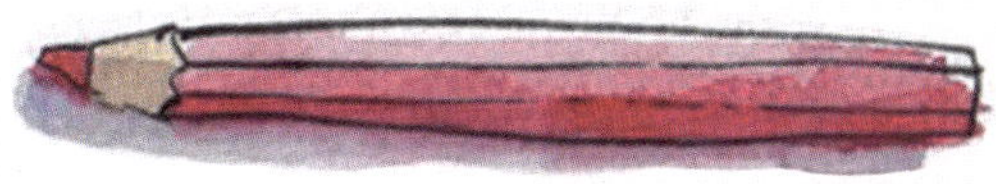

Ein Stift hilft dir beim Messen.

Wo liegt deine Horizontlinie?

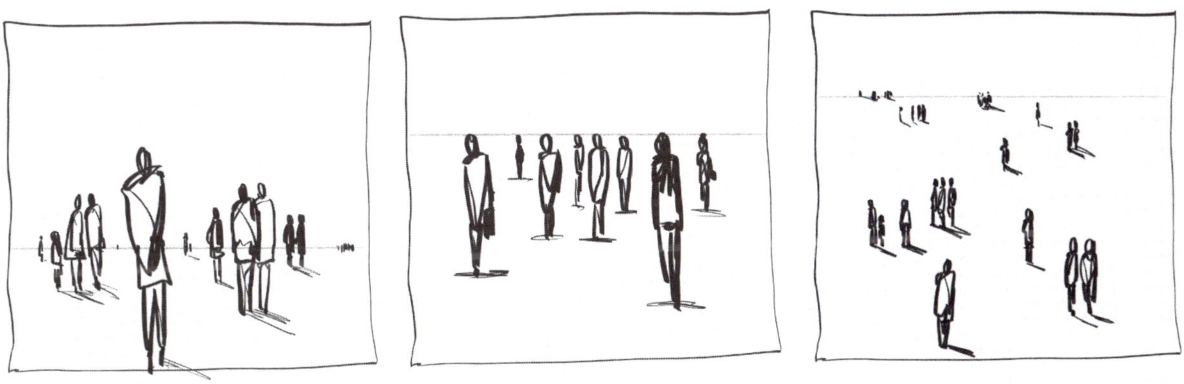

Blickst du von oben oder von unten auf dein Motiv?

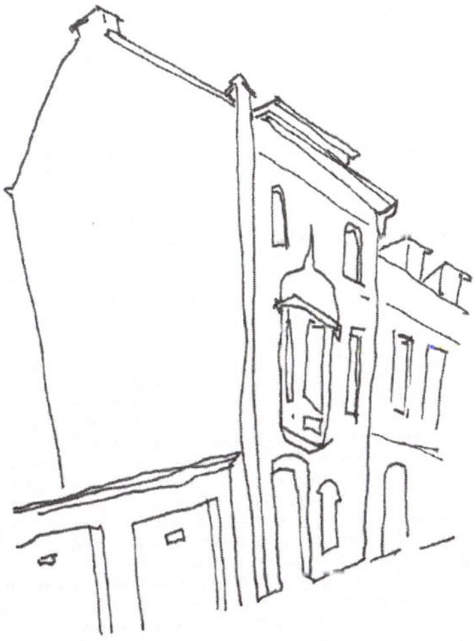

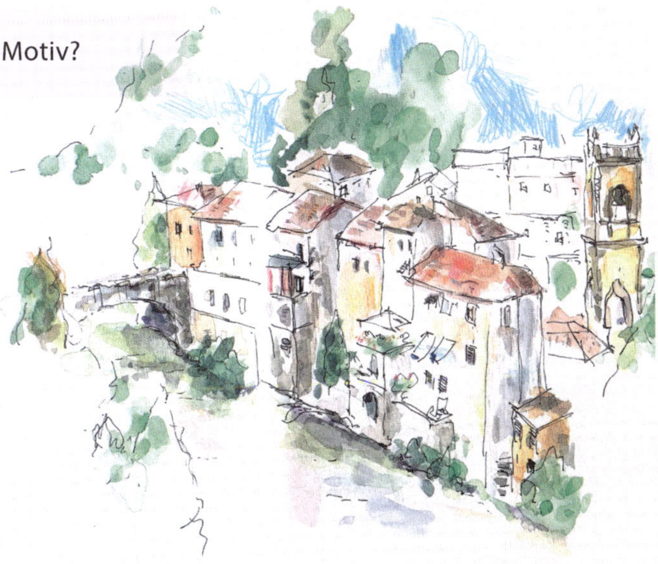

SCHLUSSWORT

Liebe Leserin, lieber Leser,

hoffentlich kribbelt jetzt deine Zeichenhand, und du bist schon auf dem Weg nach draußen. Ich wünsche dir ganz viel Freude mit deinem Skizzenbuch. Hab es immer dabei und ich verspreche dir: Nie mehr Langeweile!

Ein kleiner Tipp zum Abschied. In der Gruppe kann das Zeichnen auch viel Spaß machen. Falls du das ausprobieren möchtest, schließe dich einer Urban-Sketching-Gruppe in deiner Nähe an. Infos dazu findest du im Internet. Und falls du nicht fündig wirst, gründe einfach selbst eine Gruppe!

Die Düsseldorfer und Schweizer Motive im Buch sind kein Zufall: Mit diesem Buch verabschiede ich mich nach zwölf Jahren aus Düsseldorf und ziehe nach Schaffhausen. Ein schöner Anlass, ein paar für mich besondere Orte aus beiden Gegenden hier zu zeigen.

Sollten wir uns einmal irgendwo begegnen, würde mich das freuen, und ich wäre sehr sehr neugierig auf deine Zeichnungen.

Herzliche Grüße und bis bald,
Antje Linker-Wenzel

BEZUGSQUELLEN

Falls du dich jetzt fragst, wo du all das Zubehör bekommst, von dem in diesem Buch die Rede ist, möchte ich dir deinen lokalen Schreibwaren- oder Kunstbedarfshandel vor Ort ans Herz legen, denn alle Utensilien sind sehr gebräuchlich.

Wer nicht das Glück hat, solch einen Laden in der Nähe zu haben, kann natürlich das benötigte Material auch bestellen. Bei zwei Adressen bin ich selbst zufriedene Kundin und empfehle sie gern weiter:

- boesner (boesner.com), auch vertreten mit vielen Filialen in Deutschland, Schweiz, Österreich und Frankreich
- Gerstaecker (gerstaecker.de) mit diversen Fachmärkten in Deutschland, Österreich, Frankreich, England und in den Niederlanden

ÜBER DIE AUTORIN

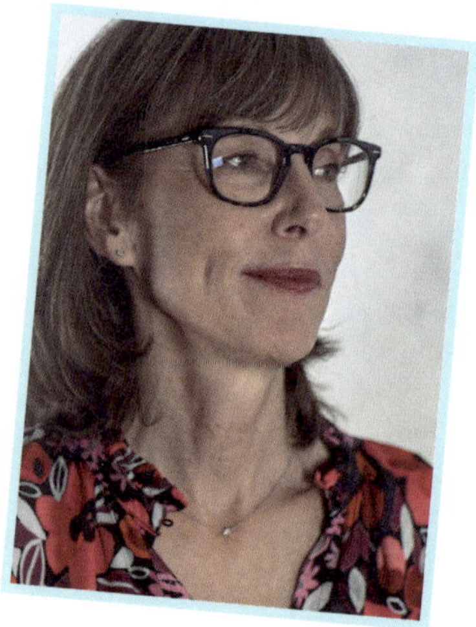

Antje Linker-Wenzel ist Zeichnerin, und das schon seit sie denken kann. Doch erst nachdem sie für sich akzeptiert hatte, dass die Kunst frei ist und dennoch nicht alles Kunst sein muss, kam die Leidenschaft dazu. Seitdem zeichnet sie jeden Tag und ist sicher, das wird auch so bleiben.

Seit 2019 gibt Antje Linker-Wenzel Zeichenunterricht. Besonders beliebt sind ihre wöchentlichen Online-Zeichenkurse in der Gruppe. Dazu entwickelt sie fortlaufend Onlinekurse fürs bequeme Selbstlernen zu Hause mit eigenem Forum für Austausch und Feedback.

Ihre Maxime bei allem: Fang an, mach es dir einfach und hab Spaß dabei. So gelingt auch Anfänger:innen der Einstieg ganz leicht. Denn eins ist der Künstlerin besonders wichtig: Talent ist ein Mythos! Was zählt sind Interesse und Übung.

2021 erschien ihr erstes Buch »Porträtzeichnen ganz einfach« im Stiebner Verlag. Nun geht es weiter mit »Urban Sketching ganz einfach«.

Wer mehr über Antje Linker-Wenzel erfahren und ihre Kurse buchen möchte, besucht sie unter www.linker-wenzel.com.

DANKESCHÖN

Ich bedanke mich ganz herzlich bei Stefanie Klapetek, Projektmanagerin des Stiebner Verlags, für die zweite gelungene Zusammenarbeit. Es war wieder eine große Freude, zusammen an diesem Buch zu arbeiten.

Meinen Kursteilnehmenden danke ich fürs Mitmachen, Dabeibleiben und all die Anregungen, die mit in dieses Buch geflossen sind. Mit euch fühlt es sich nie wie Arbeit an.

Annette, du magst das Wort sketchen nicht, aber wie oft haben wir schon draußen gezeichnet – und gequatscht. Du inspirierst mich immer wieder!

Maike, herzlichen Dank für die wunderbare gemeinsame Paris-Brüssel-Fahrt, die jetzt hier ihren besonderen Platz gefunden hat.

Und schlussendlich: Danke Oliver, du hast mich in der Schlussphase des Schreibens immer wieder daran erinnert, wie wichtig Pausen sind und mir etwas Leckeres gekocht.

KEIN SPONSORING

Bei den empfohlenen Produkten und Materialien handelt es sich weder um Sponsoring noch um Werbung. Es sind dafür keinerlei Zuwendungen in finanzieller oder anderer Art geflossen. Auch stehe ich in keiner vertraglichen Verbindung zu den genannten Unternehmen.

Layoutkonzept: Guter Punkt, München
Covergestaltung & Satz: Danai Afrati
Illustrationen: Antje Linker-Wenzel
Lektorat & Produktmanagement: Stefanie Klapetek
Druck: Neografia, Slowakei

Bibliografische Information der Deutschen Nationalbibliothek:
Die Deutsche Nationalbibliothek verzeichnet diese Publikation in der Deutschen Nationalbibliografie;
detaillierte bibliografische Daten sind im Internet über http://dnb.dnb.de abrufbar.
ISBN 978-3-8307-1458-3

2., durchgesehene Auflage 2024

Wir produzieren unsere Bücher mit großer Sorgfalt und Genauigkeit. Trotzdem lässt es sich nicht ausschließen, dass uns in Einzelfällen Fehler passieren. Auf unserer Webseite finden Sie bei dem jeweiligen Titel eventuelle Hinweise und Korrekturen. Sollten Sie in diesem Buch einen Fehler finden, so bitten wir um einen Hinweis an verlag@stiebner.com. Für solche Hinweise sind wir sehr dankbar, denn sie helfen uns, besser zu werden.
Dieses Buch liegt auch als ebook vor, mit ISBN 978-3-8307-3072-9

www.stiebner.com